산의 인문학,
지리산을
유람하다

산의 인문학,
지리산을
유람하다

초판 1쇄 인쇄 2023년 11월 13일
초판 1쇄 발행 2023년 11월 20일

—

기 획 한국국학진흥원
지은이 강정화
펴낸이 이방원

책임편집 조성규   **책임디자인** 박혜옥
마케팅 최성수·김 준   **경영지원** 이병은

—

펴낸곳 세창출판사
　　　　신고번호 제1990–000013호 **주소** 03736 서울특별시 서대문구 경기대로 58 경기빌딩 602호
　　　　전화 02–723–8660 **팩스** 02–720–4579 **이메일** edit@sechangpub.co.kr **홈페이지** http://www.sechangpub.co.kr
　　　　블로그 blog.naver.com/scpc1992 **페이스북** fb.me/Sechangofficial **인스타그램** @sechang_official

—

ISBN 979–11–6684–277–1 94910
　　　　979–11–6684–259–7 (세트)

한국국학진흥원 전통생활사총서 18

산의 인문학,
지리산을
유람하다

강정화 지음
한국국학진흥원 기획

세창출판사

한국국학진흥원에서는 2022년부터 문화체육관광부의 지원
으로 전통생활사총서 사업을 기획하였다. 매년 생활사 전문 연
구진 20명을 섭외하여 총서를 간행하기로 했다. 올해 나온 20권
의 본 총서가 그 성과이다. 우리 전통시대의 생활문화를 대중에
널리 알리고 공유하기 위한 여정이 시작된 것이다.

한국국학진흥원은 국내에서 가장 많은 민간기록물을 소장
하고 있는 기관으로, 그 수는 총 62만 점에 이른다. 대표적인 민
간기록물로 일기와 고문서가 있다. 일기는 당시 사람들의 일상
을 세밀하게 이해할 수 있는 생활사의 핵심 자료이다. 고문서는
당시 사람들의 경제 활동이나 공동체 운영 등 사회경제상을 이
해할 수 있는 자료이다.

한국의 역사는 『조선왕조실록』이나 『승정원일기』와 같이 세
계적으로 자랑할 만한 국가기록물의 존재로 인해 중앙을 중심
으로 이해되어 왔다. 반면 민간의 일상생활에 대한 이해나 연구
는 관심을 덜 받았다. 다행히 한국국학진흥원은 일찍부터 민간
에 소장되어 소실 위기에 처한 자료들을 수집하고 보존처리를

통해 관리해 왔다. 또한 이들 자료를 번역하고 연구하여 대중에 공개했다. 그리고 이러한 민간기록물을 활용하고 일반에 기여할 수 있는 방법으로 '전통시대 생활상'을 대중서로 집필하는 방식을 통해 생생하게 재현하여 전달하고자 했다. 일반인이 쉽게 읽을 수 있는 교양학술총서를 간행한 이유이다.

총서 간행을 위해 일찍부터 생활사의 세부 주제를 발굴하는 전문가 자문회의를 개최하고, 전통시대 한국의 생활문화를 가장 잘 구현할 수 있는 핵심 키워드를 선정하였다. 전통생활사 분류는 인간의 생활을 규정하는 기본 분류인 정치·경제·사회·문화로 지정하였다. 이를 기반으로 매년 각 분야에서 핵심적인 키워드를 선정하여 집필 주제를 정했다. 금번 총서의 키워드는 정치는 '관직생활', 경제는 '농업과 가계경영', 사회는 '가족과 공동체 생활', 문화는 '유람과 여행'이다.

분야마다 5명의 집필진을 해당 어젠다의 전공자로 구성하였다. 서술은 최대한 이야기체 형식으로 다양한 사례를 풍부하게 녹여 달라고 요청하였다. 특히 어디서나 간단히 들고 다니며 읽을 수 있도록 쉽게 서술해 줄 것을 부탁하였다. 그러면서도 본 총서는 전문연구자가 집필했기에 전문성 역시 담보할 수 있다.

물론 전문적인 서술로 대중을 만족시키기는 매우 어렵다. 그래서 원고 의뢰 이후 5월과 8월에는 각 분야의 전공자를 토론자로 초청하여 2차례의 포럼을 진행하였다. 11월에는 완성된 초고를 바탕으로 1박 2일에 걸친 대규모 학술대회를 개최하였다. 포럼과 학술대회를 바탕으로 원고의 방향과 내용을 점검하는 시간을 가졌다. 원고 수합 이후에는 책마다 전문가 3인의 심사의견을 받았다. 2023년에는 출판사를 선정하여 수차례의 교정과 교열을 진행했다. 책이 나오기까지 꼬박 2년의 기간이었다. 짧다면 짧은 기간이다. 그러나 2년의 응축된 시간 동안 꾸준히 검토 과정을 거쳤고, 토론과 교정을 진행하며 원고의 완성도를 높이기 위해 분주히 노력했다.

전통생활사총서는 국내에서 간행하는 생활사총서로는 가장 방대한 규모이다. 국내에서 전통생활사를 연구하는 학자 대부분을 포함하였다. 2022년도 한 해의 관계자만 연인원 132명에 달하는 명실공히 국내 최대 규모의 생활사 프로젝트이다.

1990년대 이후 폭발적으로 증가했던 일상생활사와 미시사 연구는 근래에는 학계의 관심이 소홀해진 상황이다. 본 총서의 발간이 생활사 연구에 다시 활력을 불어넣는 계기가 되기를 기대한다. 연구의 활성화는 연구자의 양적 증가로 이어지고, 연구의 질적 향상 또한 이끌 것이다. 그렇게 된다면 전통문화에 대한 대중들의 관심 역시 증가할 것으로 기대된다.

본 총서는 한국국학진흥원의 연구 역량을 집적하고 이를 대중에게 소개하기 위해 기획된 대표적인 사업의 하나이다. 참여한 연구자의 대다수가 전통시대 전공자이며, 앞으로 수년간 지속적인 간행을 준비하고 있다. 올해에도 20명의 새로운 집필자가 각 어젠다를 중심으로 집필에 들어갔고, 내년에 또 20권의 책이 간행될 예정이다. 앞으로 계획된 총서만 80권에 달하며, 여건이 허락되는 한 지속할 예정이다.

대규모 생활사총서 사업을 지원해 준 문화체육관광부에 감사하며, 본 기획이 가능하게 된 것은 한국국학진흥원에 자료를 기탁해 준 분들 덕분이다. 이 자리를 빌려 그분들께 다시 한번 감사드린다. 아울러 총서 간행에 참여한 집필자, 토론자, 자문위원 등 연구자분들께도 감사 인사를 전한다. 책의 편집을 책임진 세창출판사에도 감사드린다. 이 모든 과정은 한국국학진흥원 여러 구성원의 노력이 있었기에 가능했다.

2023년 11월
한국국학진흥원 연구사업팀

1

산행을 시작하며

내 가까이 있는 지리산

"내가 죽기 전에 올라 보려면 더는 미룰 수 없다."

경상남도 함양 출신의 감수재感樹齋 박여량朴汝樑(1554-1611)은 57세(1610) 늦가을 9월 어느 날, 기어이 지리산智異山 천왕봉天王峯을 올랐다. 눈만 뜨면 올려다보이는 저 천왕봉을 올라 보리라 염원만 하고 실행에 옮기지 못하다가, 더는 미룰 수 없어 가족과 벗들의 반대를 무릅쓰고 감행하였다. 현 함양 백무동百巫洞 방면으로 올라가 산청 쑥밭재(艾峴)로 내려오는 7일간의 일정이었다. 박여량은 평생의 염원인 천왕봉 산행을 무사히 마치고, 이듬해 봄 세상을 떠났다.

우리나라는 국토의 7할 이상이 산지로 이루어져 있음에도 '산'에 관한 체계적인 연구 기반이 형성되지 못하였다. 밀레니엄 시대에 등산 인구 천만 시절이 도래했지만, 여전히 '산'은 그저 산행 공간으로서만 존재하였다. 수십 개의 국립공원사무소가 있으나, 국내 명산의 인문학적 자산資産을 찾아내고 학술적으로 접근하는 시도가 많지 않았다. 현대인에게 산행은 박여량을 비롯한 선현들처럼 평생의 염원도 아니고, 이제는 마음만 먹으면 어느 곳에 서 있더라도 훌쩍 산으로 떠날 수 있는 일상이 되었다. 그만큼 '산'이 우리의 삶으로 가까이 다가온 것이다.

이에 대중들은 자신이 오르는 '그 산'에 대해 궁금해하기 시작했고, 그에 부응해 국내의 산악 기관에서는 해당 산의 인문적 자산을 홍보하기에 이르렀다. 대중 강좌를 개최하고 선현의 유산록遊山錄을 번역하여 출간하는 등 예년에 없던 현상들이 두드러지게 나타났다. 이에 힘입어 학계에서도 '산의 인문학'이 21세기의 미래지향적 연구 영역으로 떠올랐다. 그중 유독 일찍부터 인복人福과 학운學運을 지닌 명산이 바로 지리산이다.

우리나라의 산맥은 백두대간白頭大幹을 중심으로 백두산白頭山에서 동쪽 해안선을 끼고 남쪽으로 흘러내리다가 태백산太白

山을 거쳐 남서쪽의 지리산에 이르는 국토의 큰 줄기를 이루고 있다. 우리 민족의 최고 명산名山은 단연 백두산이다. 그러나 우리가 백두산에 관심을 둔 것은 17세기였다. 산세가 험한 데다 날씨가 춥고 기상 변덕이 심하여 사람의 발길이 거의 닿지 않았는데, 조선 후기 백두산을 사이에 둔 청나라와의 국경분쟁이 제기되면서 우리의 관심권으로 들어오게 되었다.

바다 위의 선산仙山인 한라산漢拏山은 산에 오르는 것보다 험한 바다를 건너 제주에 도착하는 일이 더 어려웠다. 조선술과 항해술이 발달하지 않았던 과거에 험난한 바닷길을 건너는 것은 목숨을 담보로 한 모험이었다. 그러므로 한라산은 주로 제주도에 부임한 관료나 그곳에 유배된 지식인의 기록에서나 볼 수 있었다.

반면 지리산은 우리가 사는 인근에 있어 수천 년간 민족의 성쇠와 함께 인간과의 관계 속에서 문화를 창출해 온 명산이다. 삼국시대 이전부터 선계仙界로 인식되었고, 산악 문화와 산신 신앙이 싹튼 곳이며, 불교의 전래 이후 다양한 불교문화를 꽃피운 곳이기도 하다. 게다가 대가야 문화의 중심이자, 백제와 신라의 문화가 만나는 접경지였다. 현대에 이르러서는 이념적 갈등의 현장으로서 반목과 융합을 반복하며 역사를 만들어 간 곳이기도 하다.

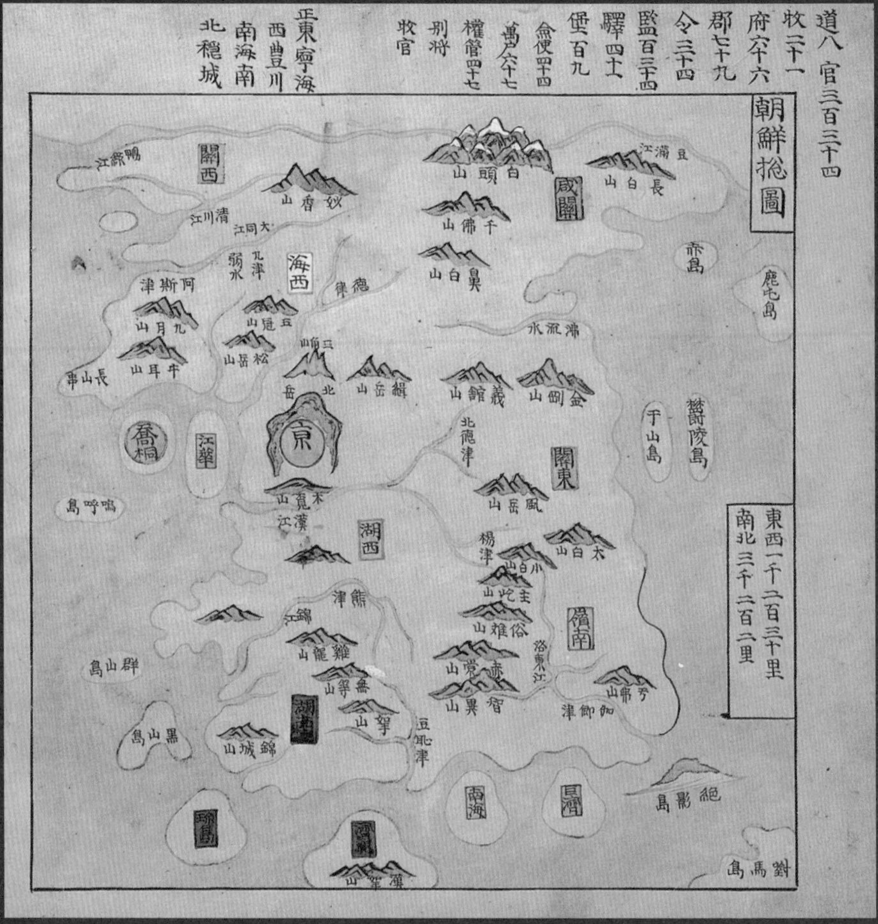

道八　官三百三十四

牧二十一　　府尹六

郡七十九

令三十四

監百三十四

驛四十九

堡百九

萬戶百四十

別將

牧官

正東寧海
西豐川
南海南
北穩城

朝鮮揔圖

東西一千二百三十里
南北三千二百二里

關西　海西　江華　喬桐　京　咸關　開東　湖西　湖南　備南　南海　昌國　于山島　鬱陵島　鹿吃島　赤島　對馬島　影祀島

江鴨綠　江清川　江同大　豆頭山　山頭白　長白山　千佛山　白臭山　水流沸

津斯阿　山月九　牛耳山　長山串　松居山　豆留　海岳北　楓岳山　義館山　金剛山

鰲喇島

漢寬山　漢江　湖西　楊津　熊津　錦江　龍龜山　智異山　錦城山　能津豆

小白山　太白山　山俗　赤裳山　慈異山　加悧津　芳山

그림1 〈조선총도〉, 서울역사박물관

무엇보다 지리산 동쪽 권역의 산청·진주를 비롯하여 남쪽 권역인 하동, 북쪽 권역인 함양과 남원 일대의 지리산 자락에는 역대로 수많은 지식인이 활동하였다. 이들은 일찍부터 지리산에 관심을 가지고 다양한 방식의 기록을 남겼다. 지리산은 이렇듯 수천 년 이래로 인간과 더불어 만들어 낸 역사와 문화의 중심이었다.

닮고 싶은 산, 우러르고 싶은 산

우리나라 명산에는 역사 속 수많은 인물의 출생 설화가 담겨 있다. 큰 산과 큰 인물은 예부터 자연스레 그 이미지가 연결되는 상징성을 가지고 있기 때문이다. 학문적 이론 체계가 정립되기 이전에 인간이 인간으로 살 수 있도록 치유의 기능을 해 준 것은 자연이었고, 그중에서도 지리산처럼 우뚝 솟은 '높은 산'은 인간이 추구하는 인격의 전형으로 인식하였다. 『시경詩經』 소아小雅「거할車轄」에서 '높은 산을 우러러보며, 넓은 길을 걸어가네(高山仰止 景行行止)'라고 노래하였듯, 사람들은 그 명산을 우러르듯 자연스레 '큰 인물'을 떠올렸다. 이것이 명산이 지닌 상징성이다. 인간이 정복해야 할 대상이 아니라, 그 높은 덕을 닮

그림 2 지리산 천왕봉에서 본 여명, 조규완 작

고자 하는 '인지仁智의 산'이었다.

명산에 대한 이러한 전통적 선망 의식은 선현들에게 명산 유람을 갈구하게 하였다. 박여량이 그러했듯, 죽기 전 반드시 오르고자 하는 평생의 염원이었고, 닮고자 하는 대상이었다.

그의 원기元氣는 계속 솟아나고, 신비한 변화는 헤아릴 수 없다. 웅혼하고 심오하고 넓고 장대한 점은 마치 천왕봉과 반야봉般若鋒이 서로 우뚝하게 솟아 하늘을 떠받치며 구름 속에서 보였다 잠겼다 하는 듯하다. 그 풍요롭고 화려(富麗)하며 전아典雅한 점은 마치 신흥동神興洞 안에 따뜻한 봄날이 되면 온갖 꽃이 흐드러지게 피고, 수석水石이 맑고 맑은 것과 같다. 그 강경剛勁하고 결단력 있는 점은 마치 청학동靑鶴洞의 높은 봉우리에 서리가 내려 잎이 떨어지고, 허공에 드리운 불일폭포佛日瀑布가 온 골짜기에 우레처럼 울리는 것과 같다. 대개 그가 읊은 한 작품 한 작품은 모두 두류산頭流山의 팔만 사천 봉우리에서 나온 것이니, 그 기상이 의연하고 법도가 삼엄함을 알겠다. 공公의 시를 살펴보면 또한 방장산方丈山의 모습을 알 수 있으니, 이로써 공이 품부받은 기상은 오로지 이 지리산에서 나온 것임을 더욱 징

험할 수 있다.

— 양대박梁大樸, 『청계집靑溪集』, 조위한趙緯韓의 「발跋」 중에서

언뜻 읽으면 마치 지리산에 관한 감상문인가 싶다. 그러나 이는 조위한趙緯韓(1567-1649)이 청계靑溪 양대박梁大樸(1543-1592)의 문집에 써 준 발문跋文의 일부이다. 조위한은 양대박의 아들 양경우梁慶遇(1568-1629)와 양형우梁亨遇(1570-1623)의 벗이었고, 양대박과는 전라북도 남원의 동향同鄕이다. 위 인용문에 나오는 신흥동과 청학동은 지리산 권역의 대표적 동천洞天으로, 모두 현 경상남도 하동군 화개면에 해당한다. 두류산과 방장산은 지리산의 다른 이름으로, 조선조 선현들은 '지리산' 못지않게 두 이름도 자주 사용하였다.

조위한은 양대박의 작품이 지리산에서 나왔고, 그의 작품에서 지리산의 모습을 알 수 있으며, 양대박의 기질과 성품도 지리산에 연원淵源했다고 하였다. 양대박은 지리산 기슭 남원에서 생장하였고, 젊은 시절 짧은 기간의 출사出仕 외에는 지리산에서 일생을 보냈다. 많지 않은 분량의 문집에서 네 차례 지리산 유람이 확인되고, 10여 편의 지리산 한시가 실려 있다. 이것만으로는 조위한이 양대박에게서 본 것이 무엇인지 정확히 알 수 없지만, 아마도 조위한은 지리산과 닮은 양대박을 통해 '지리산'

을 보았을 것이다.

지리산은 이처럼 여느 산과 달리 수천 년 동안의 인간과 자연이 공존해 온 역사적 문화적 특수성이 녹아 있는 공간이다. 특히 수많은 지식인이 세상을 피해 숨어들었던 '사람의 산'이다. 그러므로 역사적으로 지리산은 인간 삶의 안식처이자 절체절명의 순간 생명의 버팀목이 되어 준 곳이다. '산의 인문학'이 산을 통해 인간 삶의 흔적을 찾아가는 학문이라면 지리산만큼 적합한 명산도 없을 것이다. 지리산은 그 속에서 살아간 우리 인간의 삶과 정신을 해명하는 영역이라 할 수 있다. 그래서일까. 지리산은 일찍부터 학문적 영역으로 편입되어 활발한 연구가 진행되었다.

산행의 기록, 유산기

예나 지금이나 산수 자연을 즐기는 방법에는 두 가지가 있다. 먼저 직접 산수 자연을 찾아 나서는 방법이 있다. 공자孔子가 기수沂水에서 목욕하고 시를 읊조리며 돌아온 것에서부터 역대 수많은 문인이 명산대천을 찾아 유람한 것이 이에 해당하고, 현대인이 빡빡한 현실에서도 어렵사리 시간을 빼서 자연을 찾아가는 것 또한 같은 맥락에서 이해할 수 있다.

그러나 예나 지금이나 직접 산수 자연을 찾아 나서는 건 여전히 쉽지 않거니와, 산수 자연을 찾았어도 이런저런 이유로 인연이 닿지 않아 발길을 되돌려야 할 경우도 허다하다. 이럴 때 옛 선현들은 어찌했던가. 그들은 산수 자연을 찾아갈 수 없을 바에는 그 대상을 내 곁으로 끌어들여서 즐겼다. 산수 자연을 내 집 안으로, 내 방 안으로 혹은 내 마음속으로 끌어들이는 방법이다. 바로 누워서 산수를 노니는, 와유臥遊의 방식이다.

'와유'라는 말은 중국 송宋나라 은자隱者 종병宗炳에게서 유래하였다. 그는 거문고(琴)·글씨(書)·그림(畵)에 뛰어나 삼절三絶로 유명했는데, 늙고 병들어 명산을 두루 유람하지 못하게 되자 그동안 다녔던 명승을 그림으로 그려서 벽에 걸어 두고는 누워서 노닐었다(臥遊)고 전한다. 우리나라에서는 15세기 후반에 이르러서야 본격적으로 이 '와유'라는 말이 나타난다.

선현들의 와유에는 대개 세 가지 방식이 있었다. 집 안에 가짜 산(假山)을 만들어 진짜 산에 오르듯 그 감흥을 즐기는 것이 첫 번째이다. 고택이나 별서別墅 등의 후원에 바위로 산을 만들어 꼭대기에서 샘이 흘러내리도록 하고, 그 아래에 못을 만들어 연꽃을 띄우는 등이 이에 해당한다. 두 번째는 방 안에 산수 자연을 그린 그림을 걸어 두고서 이를 통해 진짜 산과 내(川)를 유람하듯 즐기는 것인데, 바로 종병이 의도했던 것과 같다. 세 번째는 다른 사람의 산수 유람을 적은 기록물을 읽으며 대리 만족하는 방법으로, 유람록과 유람시遊覽詩를 읽으며 유람자遊覽者의 감흥과 동일시하는 경우이다. 바로 우리가 지금 하는 이 작업을 일컫는다.

우리 민족은 명산에 대한 숭배와 외경을 다양한 방식의 문학적 상상력으로 표출해 왔는데, 유람록은 그중 가장 대표적인 유형이다. '유람록'은 작자의 산행을 '동기, 여정, 총평(후기)'의 형식에 따라 시간별로 기록한 산문이다. 유산기遊山記·유산록遊山錄·유기遊記라고도 일컫는다. 근년에 '일기日記'가 학계의 주요 연구 대상으로 부상하고 있는데, 유산기가 산행에서의 일기라는 점에서 연구자를 주목시키고 있다.

우리나라에서는 문헌상 고려시대에 처음 나타났고, 조선에 들어와 국토 인식이 고조되고 지리地理에 대한 감식안이 높아지자 지식인의 유산遊山이 성행하였다. 유산기는 조선시대 지식인이 지닌, 산에 대한 역사적·문화적·종교적 시각이 함축된 자료이다. 따라서 이 연구는 궁극적으로 '산의 인문학'이 지닌 가치와 의미를 탐색하는 작업이라 할 수 있다.

지리산 유람록은 현재 1백여 편이 발굴되었다. 이를 시대별로 분류하면 15세기 6편, 16세기 5편, 17세기 15편, 18세기 19편,

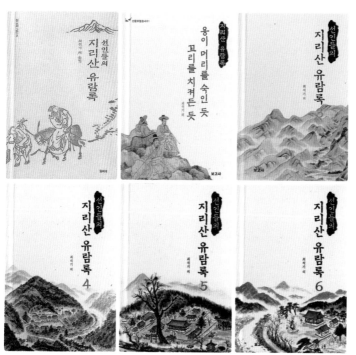

그림 3 지리산 유람록 번역서

19세기 33편, 20세기 24편이다. 조선 후기로 갈수록 작품이 폭 증하고 있는데, 이는 이 시기 지리산 유람이 성행했음을 일컫는 다. 그렇다면 지리산을 다녀간 이들은 누구일까.

지리산을 오고 간 사람은 전후로 계속 이어졌다. 신라 의 문창후文昌侯 최치원崔致遠, 조선의 점필재佔畢齋 김종 직金宗直, 탁영濯纓 김일손金馹孫, 일두一蠹 정여창鄭汝昌이 있다. 또 신라의 옥보고玉寶高, 고려시대 녹사錄事를 지낸 한유한韓惟漢, 조선의 매계梅溪 조위曺偉, 뇌계瀨溪 유호인兪好仁, 추강秋江 남효온南孝溫, 고봉高峯 기대승奇大升, 구암龜巖 이정李楨, 황강黃江 이희안李希顔, 죽각竹閣 이광우李光友, 미수眉叟 허목許穆, 부사浮查 성여신成汝信, 창주滄洲 하징河橙, 겸재謙齋 하홍도河弘度, 조은釣隱 한몽삼韓夢參, 밀암密庵 이재李栽, 명암明庵 정식鄭栻, 창설蒼雪 권두경權斗經 등은 모두 지리산과 관련한 시와 기문을 후대에 남긴 사람들이다. 그러나 그 안팎의 형세를 샅샅이 살펴본 것으로는 남명南冥 조식曺植이 그 오묘함을 얻은 것만 함이 없다.

— 하겸진河謙鎭,『회봉집晦峯集』권28,「유두류록遊頭流錄」

　　1899년 8월 16일부터 24일까지 하동 청학동 일대를 유람한 회봉晦峰 하겸진(1870-1946)은 자신의 유산기 끝에 지리산과 연관된 역대 인물을 위와 같이 나열하였다.

　　이들 가운데 최치원(857-?)·옥보고·한유한·정여창(1450-1504)·조위(1454-1503)·유호인(1445-1494)·조식(1501-1572)·한몽삼(1589-1662)·이광우(1529-1619)·성여신(1546-1632)·하징(1563-1624)·하홍도(1593-1666)·정식(1664-1719)은 지리산을 터전으로 삼아 은

거했던 인물이고, 나머지는 대개 지리산을 유람하거나 관련 글을 남긴 이들이다. 전자前者의 인물 중 최치원·옥보고·한유한·정여창·조식은 은거할 곳을 찾아 지리산에 들어온 인물이고, 그 외는 대개 지리산 권역에 세거하던 재야 지식인이다. 조위와 유호인은 함양에 거주하였고, 나머지는 당시 진주 권역에 세거하던 지식인이다. 최치원은 하동 청학동 일대에, 옥보고는 하동 칠불사七佛寺에, 그리고 한유한과 정여창은 하동 악양岳陽 일대에, 조식은 산청 덕산德山 등지에 그와 관련한 유적 및 기록을 전하고 있다. 시대적으로 살펴보아도 최치원과 옥보고는 통일신라시대, 한유한은 고려시대 인물이고, 그 외는 조선의 지식인들이다.

이 중 김종직(1431-1492)·남효온(1454-1492)·김일손(1464-1498)·조식·허목(1595-1682)·성여신·정식은 지리산을 유람하고 유산기를 남겼다. 김종직은 함양군수로 재직하던 1472년 8월 지리산 천왕봉을 올랐고, 그의 문인 조위와 유호인은 스승과 함께 지리산을 유람하였다. 함양 사람 정여창은 김일손과 함께 지리산을 유람했을 뿐만 아니라 하동에 은거했던 인물이다. 이정(1512-1571)과 이희안(1504-1559)은 조식과 함께 지리산 유람에 나섰던 인물로, 인근 사천과 합천에 살던 재야 지식인이다.

기대승(1527-1572)은 유람록이 현전하진 않으나 천왕봉에 올

그림 4 지리산 기행시 번역서

라 쓴 한시가 문집에 전한다. 그 외 이광우·하징·하홍도 등은 모두 진주 인근에 살던 남명학파南冥學派 인물이다. 이재(1680-1746)는 갈암葛庵 이현일李玄逸(1627-1704)의 아들로, 부친의 유배지인 전라도 광양 섬진강 가를 찾아왔다가 인근 하동에 전해지던 정여창 유적을 둘러보고 읊은 작품이 보이며, 권두경(1654-1725) 또한 하동 악양 일대를 읊은 작품이 여럿 보인다.

요컨대 지리산을 찾은 유람자는 지리산 권역에 거주한 이들과 타지 인물로 크게 분류할 수 있으나, 7할 이상은 지리산 권역 경남 지역의 문인이다. 주로 진주를 중심으로 산청·함양·합천·의령·함안·하동 지역에 세거한 남명학파 인물이었다. 이는 지리산이 남명 조식과 남명학파의 산이었음을 방증한다.

2

———

남악으로서의
지리산 위상

산은 언제나 인간이 닮고 싶은 완전체의 대상이다. 인간이 하늘의 신神과 소통케 하는 매개이기도 하다. 따라서 고대로부터 명산은 그 지역 내에서 가장 높고 웅대한 산으로 신성시되고 숭배되었다. 인간은 이러한 명산에 천자天子나 제후諸侯가 직접 올라가 국제國祭를 지내는 것으로 존숭의 뜻을 표출하였다. 고대 중국에서 오악五嶽의 하나인 태산泰山에서 올린 봉선제封禪祭가 대표적이다.

'봉선'은 천지天地의 신에게 숭배의 뜻을 담아 지내는 제사 의식이다. 중국에서는 역대로 황제가 등극하면 명산의 정상과 그 아래에서 이 의식을 거행하였다. 그런데 중국의 여느 명산도 많은데 왜 하필 태산이었을까. 그 답은 한漢나라 때 사마천司馬遷

과 반고班固에게서 확인할 수 있다.

① 예로부터 천명天命을 받아 제왕이 되고서 봉선제를 올리지 않은 자가 있었던가. 아무런 교감을 얻지 못하고 제사를 올린 때도 있지만, 하늘의 계시인 증표(符瑞)를 보고서 태산에 오르지 않은 자는 없었다.

— 사마천, 『사기史記』, 「봉선서封禪書」

② 왕이 나라를 세우면 반드시 태산에서 봉선제를 올렸다. 어째서인가? 하늘에 고하기 위함이다. 천명을 처음 받을 적에는 제도를 바꾸어 하늘의 뜻에 부응한다. 이에 천하가 태평해지고 공업功業을 이루게 되면 봉선제를 올려 태평을 고한다. 반드시 태산에서 올리는 까닭은 무엇인가? 태산은 만물의 시작과 교차가 이루어지는 곳이기 때문이다.

— 반고, 『백호통白虎通』, 「봉선封禪」

태산은 중국의 여느 명산과 달리 만물이 시작되고 교차하는 신성한 곳으로 인식되었기 때문이다. 따라서 진시황秦始皇을 기점으로 전한前漢의 무제武帝와 후한後漢의 광무제光武帝, 당唐나라

고종高宗과 현종玄宗, 송宋나라 진종眞宗 등 중국의 역대 황제가 태산에서 봉선제를 행하였고, 하夏·상商·주周 3대에도 72명의 군주가 태산에서 봉선했다고 한다. 중국에서 동악東嶽인 태산이 '오악독존五嶽獨尊'의 위상을 지니게 된 이유이기도 하다.

이는 우리나라도 다르지 않았다. 신라 때부터 국내 명산대천 중 오악을 선정해 국가에서 제사하였고, 나아가 이를 사전祀典에 실어 품격을 격상시켰다. 지리산은 신라 때부터 남악南嶽으로 사전에 올라 국가의 제사가 행해졌다. 역대로 국가의 제사를 지내던 지리산 신사神祠인 남악사南嶽祠는 지리산신에 대한 유교식儒敎式 제사 장소였다. 이 공간은 심오한 정치적·사상적 의미를 지니고 있었다. 왜냐하면 '사전'은 단순한 신앙 규범이 아니라 당대 지배층의 지향과 의지가 반영된 것이기 때문이다. 그런 지리산이 조선 초 호국백護國伯에 봉해졌다.

나라 안의 명산대천을 공公·백伯 등에 책봉하는 예식은 고려시대에도 있었다. 이는 산천의 신에게 봉작을 내려 그 영험을 기리는 의식이었다. 이후 무신난武臣亂(1170)과 몽골 침입, 원元복속기 등을 거치면서 사라졌다가 조선 태조 2년(1393)에 이를 부활시켜 유교적 '사전' 체제를 정비하였다. 그 과정에서 지리산은 다시 남악의 지위를 지니게 된 것이다. 오악 가운데 신라 때부터 악嶽으로서의 위상을 줄곧 유지해 온 것은 지리산이 유일하다.

지리산의 호국백 봉작은 조선의 건국과 관련성이 깊다. 고려 우왕禑王 때(1380) 이성계는 지리산 권역 전라도 운봉雲峯으로 쳐들어온 왜장倭將 아지발도阿只拔都 군대를 황산荒山에서 물리쳤고, 그 여세를 몰아 새로운 왕조의 개국을 준비할 수 있었다. 그뿐인가. 그는 지리산 바위 속에서 '목자木子가 돼지를 타고 내려와 다시 삼한三韓의 강토를 바로잡을 것이다'라고, 등극을 예언한 신비한 글을 얻었다고노 전한다. 이 때문에 선라노 남원-운봉 방면으로 지리산을 오르던 조선조 유람자들은 황산대첩비荒山大捷碑 앞에서 태조에 대한 경배敬拜와 아울러 황폐하고 쇠잔해진 그 유적을 보며 유독 깊은 아쉬움을 드러냈고, 쉬이 자리를 일어서지 못하였다.

산천제의 정비는 세종 때 오례五禮를 제정하여, 성종 때 『국조오례의國朝五禮儀』로 완성하였다. 지리산 신사에는 '지리산지신智異山之神'이라 쓴 위패를 받들고, 봄과 가을에 정기적인 제의祭儀를 거행했다. '사전'에 실린 산신山神은 비구름을 일으켜 백성의 농사를 돕는 공덕을 베푼다고 인식하였고, 이러한 '국제'는 별다른 제재 없이 조선 후기까지 지속하였다.

지리산은 이처럼 역대로 오악의 변천에도 불구하고 끝까지 그 위상을 지킨 유일한 명산이었다. 특히 지리적 감식안이 높았던 조선 초기 김종직과 그 문하들이 이를 몰랐을 리 만무하다.

이 산은 북쪽에서 뻗어 내리다 남원에 이르러 우뚝 솟
아 반야봉이 되고, 다시 동쪽으로 거의 2백여 리를 뻗
어 이 봉우리에 이르러 다시 우뚝 솟구쳤다가 북쪽으
로 서려 끝이 난다. 그 사방의 봉우리들은 시샘하듯 빼
어나고 골짜기들은 다투듯 흘러, 비록 책력(曆算)에 밝
은 사람이라도 그 수를 다 헤아릴 수 없다. 바라보니,
꼬리를 물고 빙 둘러 있는 성첩城堞은 함양咸陽의 성城
인 듯하고, 푸르고 누른 산빛이 어우러지고 흰 무지개
가 가로지른 것은 진주晉州의 강물인 듯하고, 점점이 이
어지며 뾰족 솟아 푸른 소라처럼 생긴 것은 남해南海·거
제巨濟의 여러 섬인 듯하였다. 그러나 산음山陰(현 경남 산
청)·단계丹谿·운봉·구례求禮·하동 등의 현縣은 모두 산봉
우리에 가려 보이지 않았다.
산의 북쪽으로 가까이 황석산黃石山과 취암산鷲巖山이
있고, 멀리 덕유산德裕山과 계룡산雞龍山과 주우산走牛山
과 수도산修道山과 가야산伽耶山이 있다. 동북쪽으로 가
까이 황산皇山과 감악산紺嶽山이 있고, 멀리 팔공산八公山
과 청량산淸涼山이 있다. 동쪽으로 가까이 자굴산闍崛山

과 집현산集賢山이 있고, 멀리 비슬산毗瑟山과 운문산雲門山과 원적산圓寂山이 있다. 동남쪽으로 가까이 와룡산臥龍山이 있다. 남쪽으로 가까이 병요산瓶要山과 백운산白雲山이 있다. 서남쪽으로 멀리 팔전산八顚山이 있다. 서쪽으로 가까이 황산荒山이 있고, 멀리 무등산無等山과 변산邊山과 금성산錦城山과 위봉산威鳳山과 모악산母岳山과 월출산月出山이 있다. 서북쪽으로 멀리 성수산聖壽山이 있다. … 계립령雞立嶺 북쪽은 옥색 기운이 허공에 가득하고, 대마도對馬島 남쪽은 신비로운 기운이 하늘에 맞닿아 있다. 시야가 가물가물하여 더는 또렷이 보이지 않았다.

— 김종직, 『점필재집佔畢齋集』 권2, 「유두류록遊頭流錄」

이는 김종직이 천왕봉에 올라 조망한 내용이다. 마치 경건한 의식을 치르듯 온 국토를 위에서부터 훑어 내리고 있다. 산행에서 보이는 이러한 행위는 초기사림初期士林에게서 처음 드러나는데, 우리 국토에 대한 감식안과 지리 의식이 없다면 불가능한 일이다.

김종직은 유산기 끝에서 "두류산은 숭고하고도 빼어나다. 중국에 있었다면 반드시 숭산嵩山이나 대산岱山보다 먼저 천자

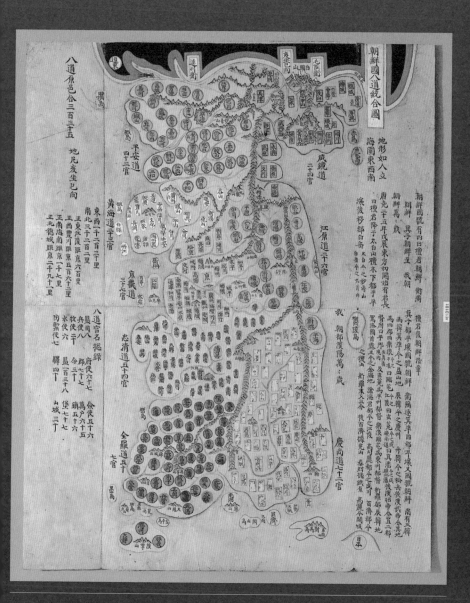

그림 5 〈조선국팔도통합도〉, 서울역사박물관

가 올라가 봉선을 행하고, 옥첩玉牒의 글을 봉하여 상제上帝에게 올렸을 것이다. 그렇지 않다면 무이산武夷山이나 형신衡山에 비유해야 할 것이다"라고 칭송하였다. 김일손 또한 천왕봉에 올라 성모聖母에게 올리는 제문祭文에서 "두류산은 먼 바닷가에 있어 수백 리나 펼쳐 있고, 호남과 영남의 경계에 진산鎭山이 되며, 그 아래로 수십 개의 고을이 둘러 있습니다. 그러므로 이 산에는 반드시 크고 높은 신령神靈이 있어 구름과 비를 일으키고, 정기精氣를 쌓아 백성에게 복을 내림이 무궁무진합니다"(「두류기행록頭流紀行錄」)라고 하였다. 이는 역대로 남악으로서의 위상을 지켜 온 지리산에 대한 그들의 인정과 숭배라 할 수 있다.

남효온의 「유천왕봉기遊天王峰記」에서도 김종직과 똑같은 행위와 인식이 포착된다. 두 사람은 약속이라도 한 듯, 천왕봉에 서서 우리나라 지도를 보고 상세하게 읽어 주듯 위에서부터 훑어 내린다. 청파靑坡 이륙李陸(1438-1498)의 유산기는 백과사전식 기문記文의 성격이 강한데, 그 역시 천왕봉에서부터 지리산의 동부 권역 산청과 남부 권역 하동 일대의 주요 명승을 표제어로 제시해 상세히 설명하고 있다. 이륙의 경우 눈여겨보아야 할 것은, 진해鎭海와 김해金海 일대의 유적까지 아우르고 있다는 점이다. 그 역시 지리산에 올라 자신의 지적 범주 안에서 인문지리적 식견을 마음껏 드러내었다.

이는 금강산金剛山을 비롯한 여타 산에서는 발견되지 않는 지리산만의 특징이다. 청량산淸涼山도 소백산小白山도 유산기의 첫 부분이나 정상에 올랐을 때, 혹은 유산기의 끝에 개괄하거나 아우르는 총평을 쓰기 마련인데, 지리산에서처럼 전체 국토를 훑어 내리는 사례가 거의 없다. 다른 산에서는 이것이 가능하지 않고, 백두에서 뻗어 내려와 국토 남단에 우뚝 솟아 남악이 된 지리산에서만 가능하기 때문이다. 이러한 인식은 이후에도 그대로 이어졌다.

① 산세가 높고 크며, 수백 리에 웅거하고 있다. 여진 백두산의 산맥이 흘러내려 이곳에 이르렀기에 두류산이라 이름하였다. 혹자는 말하기를 "그 산맥이 바다에 이르러 곤궁해져, 이곳에서 멈추었다. 그러므로 '류流' 자를 '유留' 자로 쓰는데, 옳다"라고도 한다.

—『신증동국여지승람新增東國輿地勝覽』 권39,

전라도 「남원도호부南原都護府」, 산천山川 지리산

② 내가 일찍이 들건대, 남쪽 지방의 산 중에 우뚝하게 높고 큰 것이 헤아릴 수 없지만 유독 지리산을 으뜸으로 삼는다고 한다. 대개 우리나라의 산은 백두산을 제

일로 여기는데, 백두산이 흘러내려 지리산이 되었다.
그래서 그 이름을 두류산이라고 하니, 이 산이 우리나
라의 명산이 되는 것은 확실하다.

— 박장원朴長遠, 『구당집久堂集』 권15, 「유두류산기遊頭流山記」

③ 지리산은 우리나라 남쪽 극단에 있는데, 지극히 높
고 크다. 백두산의 신령스럽고 맑은 기운이 흘러 이곳
에 쌓였기 때문에 두류산이라고도 한다.

— 『증보문헌비고增補文獻備考』 권19, 「여지고輿地考 8」

①과 ③은 관찬官撰 기록이고, ②는 박장원(1612-1671)의 개인
기록이다. 시기적으로도 ①과 ②는 조선 중기에 해당하고, ③은
구한말 시기의 언급이다. 성격상 두 부류의 기록은 서로 다른
것임에도 불구하고, 내용 면에서는 일치하고 있다. 건국신화의
모태가 되는 백두산은 우리 민족의 발상지이자 개국의 터전이
다. 그래서 천상天上의 산으로 여겨 신성시해 왔다. 지리산은 이
천상의 산에서 발원하여 국토 남단으로 수천 리에 걸쳐 뻗어 온
산이다.

범허정泛虛亭 송광연宋光淵(1638-1695)은 1680년 윤8월 지리산
천왕봉에 올라 아래를 내려다보며 "백두산 남쪽 지역은 이 산의

조종자손祖宗子孫 아닌 것이 없다. 모든 우리 동국의 명산대천 가운데 어느 산인들 이 산의 지엽枝葉 아닌 것이 없으며, 모든 팔도의 주州·부府·군郡·현縣 가운데 어느 곳인들 이 산의 진망鎭望 아닌 곳이 없다. … 이 산은 우리나라 제일의 산일 뿐만이 아니다. 비록 이 세상의 그 어떤 큰 산이라 할지라도 이 산과 대등할 만한 산은 없을 것이다. 공자께서 이 산에 오르셨다면 천하도 크다고 여기기에 부족했을 것이다"(「두류록頭流錄」)라고 하였다. 이를 통해 조선시대 지리산이 지닌 명산으로서의 위상을 확인할 수 있다.

지리산은 역대로 남악으로서 불변의 위상을 지녔고, 이 신성성神聖性에 있어서는 국가나 민간에서도 추앙받는 유일한 명산이었다. 지리산이 지닌 이러한 지위는 개인적인 여건이나 감회와는 별개로 당대 지식인을 지리산으로 이끌기에 충분하였다. 더구나 금강산 등과 달리 내 가까이에 있는 지역의 명산이었으니, 더욱 그러했을 것이다. 이는 오롯이 지리산 자체에 주목한 시선이라는 점에서 그 의미를 찾을 수 있다.

3

같은 산 다른 느낌,
지리산의 형상

성인聖人의 품을 지닌 산, 남효온

　남효온南孝溫(1454-1492)은 1487년 9월 27일부터 10월 13일까지 16박 17일 동안 지리산을 유람하였다. 현 산청군 남사촌南沙村에서 출발하여 단속사斷俗寺, 백운동白雲洞, 덕산, 중산리를 지나 천왕봉에 올랐다가 남쪽으로 하산하여 의신사義神寺, 칠불사, 반야봉, 봉천사奉天寺, 구례 화엄사華嚴寺, 하동 쌍계사雙磎寺, 불일암佛日庵, 묵계默溪, 오대사五臺寺를 거쳐 다시 남사촌으로 돌아오는 긴 일정이었다. 지금과 달리 조선시대 지리산 유람은 출발지에 따라 달랐지만, 지리산 권역에 세거한 문인들의 산행은 4-6일 정도가 보편적이었다. 그에 비해 남효온은 산 밑에서 출

제석봉에서 본 지리산 능선, 김기훈 작

발한 것치고는 꽤 오랜 시간 지리산에 있었다. 역마살에 끼인 듯 전국을 떠돌아다닌 그는 금강산과 영안도永安道의 오도산吾道山, 그리고 지리산을 우리나라 명산으로 꼽았다.

　남효온의 지리산 유람은 초겨울에 이루어졌다. 이륙李陸 (1438-1498)의 「지리산기智異山記」에 의하면 "골짜기에는 여름이 지나도록 얼음과 눈이 녹지 않는다. 6월에 이미 서리가 내리고, 7월에 눈이 내리고, 8월에는 두꺼운 얼음이 생긴다. 초겨울만

되어도 눈이 많이 내려 온 골짜기가 다 평평해져서 사람들이 왕래할 수 없다"고 하였다. 이 때문에 선현들의 유산遊山은 대개 봄·여름에 행해지는 것이 관행이었다. 그런데 그의 지리산행은 동행도 없이 홀로 떠난 겨울 산행이었다.

남효온은 지리산에서 두 편의 유산기를 남겼다. 17일간의 여정별 유람을 기록한 것이 「지리산일과智異山日課」이고, 출발한 지 나흘째 되던 30일 천왕봉에 올랐는데 그때의 특별한 감회를 남긴 것이 「유천왕봉기遊天王峰記」이다. 천왕봉에서의 감회가 남달랐던 모양이다. 우리는 「유천왕봉기」에서 인상적인 지리산 형상을 확인할 수 있다.

지리산 기슭을 빙 두르고 있는 고을은 9개로, 함양·산음山陰(현 산청)·안음安陰·단성·진주·하동·구례·남원·운봉이다. 산에서 나는 감·밤·잣은 과일로 쓰고, 인삼·당귀는 약재로 쓰며, 곰·돼지·사슴·노루와 산나물·석이버섯은 반찬으로 이용한다. 호랑이·표범·여우·살쾡이·산양·날다람쥐는 그 가죽을 사용하며, 매는 사냥에 활용한다. 대나무는 대그릇을 만드는 데 쓰며, 나무는 집 짓는 재료로 사용하며, 소나무는 관棺을 만드는 데 쓰며, 냇물은 논에 물을 대는 데 이용하고, 도토리는 흉년이

들었을 때 활용한다. 대개 높고 큰 산은 움직이지 않고 그 자리에 있지만, 인간에게 주는 이로움은 이처럼 풍부하다. 이는 마치 성인聖人이 의관을 정제하고 두 손을 잡은 채 앉아 제왕으로서의 정사政事를 행하지 않더라도, 재성보상裁成輔相의 도를 베풀어 백성을 도와주는 것과 같은 이치이다. 심하구나, 지리산이 성인의 도와 같음이여!

남효온에게 지리산 유람은 특별한 의미를 지닐 법도 하였다. 스승 김종직이 올랐던 산이고, 김일손·정여창·조위·유호인 등 사문師門의 여러 동문이 유람했던 의미 있는 공간이었기 때문이다. 그는 천왕봉에 올라 지리산의 산세를 모두 조망한 후 동북쪽의 경상도, 서남쪽의 전라도, 서북쪽의 충청도 등 세 방향의 국토를 그곳의 이름난 산과 함께 세세히 언급하였다. 그리고는 위와 같이 말하였다.

그의 표현대로라면, 지리산에서 나는 모든 것은 무심히 흘러가는 냇물과 버려진 도토리 한 톨까지도 모두 백성의 삶에 유용하다고 했다. 지리산이 인간에게 주는 혜택이라 하였다. 지리산은 그 자리에 있는 것만으로도 인간에게 이로움을 주는 존재라 하였다. '재성보상'은 『주역周易』「태괘泰卦」 상전象傳에 나오는 말로, 지나친 것을 억제하고 모자란 것을 보충해서 천지간에 조화가 이루어지도록 돕는 성인이나 성군의 일을 일컫는다. 이 세상 모든 생명체에게 지리산이 그런 역할을 하고 있다는 것이다.

생육신生六臣의 한 사람으로 알려진 남효온은, 사람됨이 초탈하여 세상의 영욕에 얽매이지 않았다. 1478년(성종 9) 황토 비가 내리는 자연재해가 발생하자, 성종이 신하들에게 직언을 구하였다. 당시 25세의 남효온은 인재 등용을 비롯해 국가에 필요한 8가지 조목을 적은 장문長文을 올렸는데, 거기에서 문종文宗의 비妃이자 단종端宗의 어머니 현덕왕후顯德王后의 소릉昭陵을 복위해야 한다고 주장하였다. 현덕왕후는 세자빈 시절 단종을 낳은 후 세상을 떠났고, 능호를 소릉이라 하였다. 문종 사후 합장合葬하고는 현릉顯陵으로 승격하였다가, 단종이 노산군魯山君으로 강등되자 그 모친이라는 이유로 종묘宗廟에서 신주神主가 폐출되고 현릉에서 파묘破墓되어 다시 소릉이 되었다.

남효온의 소릉 복위 주장은 당시 조야朝野를 발칵 뒤집어 놓았고, 임사홍任士洪과 정창손鄭昌孫(1402-1487) 등 훈구 세력의 격렬한 반대로 결국 받아들여지지 않았다. 성종의 비호 아래 '어떤 젊은 미친 유생(狂生)의 미친 소리'로 치부하는 정도에서 마무리되었지만, 이때부터 남효온은 세상사에 뜻을 끊고 방랑과 유랑으로 삶을 일관하였다. 이후 모친의 강권으로 초시初試에

응시해 합격하였으나, 더 이상 과거 시험에는 나아가지 않았다.

34세 되던 1487년 9월, 무관無官의 서생으로 홀로 지리산 유람을 떠나던 당시의 상황도 이러한 굴곡진 삶의 행적에서 크게 벗어나 있지 않았다. 이때를 전후하여 남효온의 개인적 상황을 살펴보자면, 가정적으로는 부모처럼 자신을 거두어 주던 고모와 둘째 아들의 연이은 죽음이 그를 고통스럽게 하였고, 강응정姜應貞·정여창 등과 조직한 소학계小學契를 중심으로 추진되었던 성급한 사회 개혁의 실패, 홍유손洪裕孫(1431-1529)·신영희申永禧(1442-1511) 등과 결성한 죽림우사竹林羽社로 인한 동문 김굉필金宏弼(1454-1504) 등과의 절교는, 당시 남효온이 처한 세상과의 불화와 고립을 보여 주는 단적인 사건들이다. 이런 복잡한 세상사 속에서 갈등하고 고뇌하던 남효온은 홀로 지리산으로 떠났다.

"성인의 도는 마치 한길(大路)에 술동이를 놔두고 지나다니는 사람마다 크고 작은 양에 따라 각자 적당히 마시게 하는 것과 같다"(『회남자淮南子』「무칭훈繆稱訓」)라고 하였다. 인위적이지도 억지스럽지도 않으면서 존재 자체만으로도 세상과의 조화 속에서 치세를 이루어 나가는 성인의 모습을 일컫는다. 남효온은 천왕봉에 올라서서 성인의 마음으로 생명체를 품고 있는 지리산의 너른 품을 보았고, 정신적 위무慰撫를 얻었다. 그가 염원하는 세상이었다.

구도求道를 위한 성찰의 산, 조식

　　지리산 천왕봉이 훤히 올려다보이는 산청군 시천면 덕산德
山은 남명南冥 조식曺植(1501-1572)이 만년을 보낸 곳이다. 그는 합
천 삼가에서 태어나, 김해 산해정山海亭과 삼가 뇌룡정雷龍亭에서
중년을 보냈다. 덕산으로 들어온 것은 백발이 성성한 61세의
노년이었다. 그는 덕산의 산천재山天齋에서 72세로 세상을 떠날
때까지 12년을 살았다. 그의 생애에서 그다지 길지 않은 시간
이었지만, 현재 덕산에는 산천재를 비롯해 그의 묘소와 덕천서

그림7　산천재에서 본 지리산 천왕봉

원德川書院이 있으며, 그 외에도 그의 삶과 연계된 다양한 유적이 남아 있다. 덕산은 명실공히 그를 대표하는 '남명의 공간'이 되었다.

김해에는 그의 강학처講學處였던 산해정 자리에 조식을 제향하는 신산서원新山書院이 있고, 서원 강당의 이름을 '산해정'이라 하여 그 명맥을 이어 가고 있다. 그의 고향인 삼가 토동兎洞에는 후학들이 중건한 뇌룡정이 남아 있다. 남명학파 연원가淵源家와 지역 유림儒林이 2007년 뇌룡정 뒤쪽에 그를 추향하던 용암서원龍巖書院을 재건하고 그 정신을 이어 가고 있다. 이 유적들은 남명의 생애에서 결코 가벼이 넘길 수 없는 공간이다. 모두 그 삶의 한 중심축을 이루던 역사적 공간임이 분명하다. 그런데도 '남명'이라고 말하면 우리는 덕산을 떠올린다.

남명은 젊어서 자신의 학문적 극치를 완성할 장소로 '지리산'을 정하고, 그 속에서 삶을 보낼 공간을 찾아다녔다. 그의 말을 빌린다면, 지리산의 청학동青鶴洞·신응동神凝洞·용유동龍游洞·백운동白雲洞·대원동大源洞 등을 찾아서 돌아다녔다. 지리산 골짜기를 모두 누비고 다니며 십여 차례의 탐문 끝에 만년에야 덕산으로 들어오게 되었다. 굳이 '덕산'이어야 했던 것은 오직 '지리산 천왕봉' 때문이었다. 남명은 구도求道의 지향처인 지리산 천왕봉이 훤히 올려다보이는 장소로 이 '덕산'을 선택했다.

봄 산 어느 곳엔들 향기로운 풀 없으랴만
천왕봉이 상제에 가까움을 사랑할 뿐이네.
빈손으로 들어와 무엇을 먹고살 것인가?
은하 같은 십 리의 물을 먹고도 남는다네.

春山底處無芳草 (춘산저처무방초)

只愛天王近帝居 (지애천왕근제거)

白手歸來何物食 (백수귀래하물식)

銀河十里喫有餘 (은하십리끽유여)

　　　　　　　— 「덕산에 살 터를 잡으며(德山卜居)」

　남명이 61세 때 덕산으로 들어오면서 지은 작품으로, 굳이 '덕산'이어야 하는지에 대한 남명의 답변이 들어 있다. 바로 지리산 천왕봉 때문이었다. 제목에서 언급한 '덕산의 살 터'는 산천재이다. '산천山天'은 『주역周易』「대축괘大畜卦」의 괘사卦辭인 "강건하고 독실하고 훤히 빛나, 날마다 그 덕을 새롭게 한다(剛健篤實輝光 日新其德)"는 뜻을 취하였다. 남명은 산천재에서 천왕봉을 우러러보며 날마다 강건하고 독실하게 자신의 덕을 새롭게 하고 싶었다. 그래서 그 노년의 나이에 아무도 없는, 그러나 고개만 들면 천왕봉이 올려다보이는 이 깊숙한 골짜기로 들어온 것이다. 이 시는 지금도 산천재 주련柱聯으로 걸려 있다.

청컨대 천 석들이 종을 보게나

크게 치지 않으면 소리가 없다네.

어떻게 하면 저 두류산처럼 될까

하늘이 울어도 오히려 울지 않네.

請看千石鍾 (청간천석종)

非大扣無聲 (비대구무성)

爭似頭流山 (쟁사두류산)

天鳴猶不鳴 (천명유불명)

— 「덕산의 시내 정자 기둥에 쓰다(題德山溪亭柱)」

큰 기둥 같은 높다란 산이

하늘 한쪽을 버티고 섰구나.

잠시도 내려놓은 적 없는데

자연스럽지 않음이 없도다.

高山如大柱 (고산여대주)

撑却一邊天 (탱각일변천)

頃刻未嘗下 (경각미상하)

亦非不自然 (역비부자연)

— 「우연히 읊다(偶吟)」

위 두 편의 한시는 모두 천왕봉을 두고 읊은 작품으로, 남명의 기상을 드러내는 대표작으로도 유명하다. 덕산에서는 어느 방향에서 보아도 천왕봉이 훤히 올려다보인다. 남명은 매 순간 천왕봉을 보면서 하늘이 울지언정 끄떡도 않는 그 의연함을 배우고, 나아가 이 세상의 커다란 울림이 되고 싶었다. 어떤 어려움에도 큰선비의 책임과 지조를 내려놓지 않는, 그러면서도 세상과 융합된 삶을 살고자 하였다. 우뚝하니 솟아 한순간도 이고 있는 하늘을 내려놓지 않으면서도, 하늘과 자연과의 일치를 이루는 천왕봉의 강인함과 변함없는 자세를 견지하려 끊임없이 노력하였다. 곧 천도天道에 다가가 있는 천왕봉을 통해 자신을 그 경지로까지 끌어올리려 하였다. 남명에게 있어 천왕봉은 자신이 도달해야 할, 추구해야 할 구도의 극치이자 닮고자 한 목표였다. 그래서 쉼 없는 노력을 통해 언젠간 그 이상을 이루리라 염원하였다.

필자는 산천재에 가면 늘 서재西齋 툇마루에 앉아 천왕봉을 올려다본다. 행여 지붕에 가려서 천왕봉이 보이지 않을까 염려해 동재東齋를 짓지 않았던 남명의 그 마음을 헤아려 본다. 남명은 날마다 이곳에 앉아 천왕봉을 올려다보며 무슨 생각을 했을까. 비바람과 천둥 번개에도 꿈쩍 않고 온몸으로 견뎌 내는 지리산 천왕봉을 보며 남명은 어떤 다짐을 하였을까.

그림 8 산천재 전경

그림 9 산천재

지리산에 대한 남명의 외사랑은 그렇게 평생 계속되었다. 그리고 남명과 천왕봉의 인연은 문인과 후학들에게도 그대로 전승되었다. 수백 년이 지나는 동안 수많은 후학이 남명을 만나러 덕산을 찾아왔고, 덕산에서 남명을 그리워하였고, 천왕봉을 올려다보며 그의 정신을 염원하였다. 지리산의 깊숙한 어느 골짜기에 불과했던 덕산은 남명을 만나 비로소 명승名勝이 되었다. 또한, 민족의 영산靈山 지리산은 '남명'이라는 명인名人을 만나 인덕仁德과 구도의 명산으로 거듭날 수 있었다.

사마천의 문장과 두보의 시를 닮은 산, 유몽인

어우於于 유몽인柳夢寅(1559-1623)의 「유두류산록遊頭流山錄」은 1백여 편의 유산기 가운데 가장 독특하면서도 빼어난 작품이다. 유기遊記는 유람 일정에 따른 일기체 형식이고, '도입부, 여정부, 총평'이라는 정형이 보편적으로 적용되는 문체이다. 따라서 현재까지 발굴된 지리산 유람록 또한 이러한 형식에서 크게 벗어나지 않고, 유람 여정에 따라 감회를 기술하고 간단한 총평으로 마무리하는 것이 일반적이다.

그런데 유몽인의 「유두류산록」은 이러한 보편성에서 벗어나는 특이성을 여러 곳 보이는데, 그중에서도 가장 독특한 것은 바로 지나치다고 할 만큼 장황한 총평 부분이다. 그의 총평은 분량이나 작품성에 있어 한 편의 작품으로 독립시켜도 손색이 없을 만큼 매우 뛰어나다. 그리고 그 총평에서 우리는 또 하나의 지리산 형상을 발견할 수 있다.

유몽인의 지리산 유람은 남원부사南原府使로 부임하던 1611년 3월 29일부터 4월 8일까지 9일 동안 이루어졌다. 당시 순천군수順天郡守 유영순柳永詢(1552-?) 등이 농행하였다. 남원 관아를 출발해 운봉 황산비전荒山碑殿, 인월引月 백장사百丈寺, 함양 영원암靈源庵, 군자사君子寺, 용유담龍游潭, 두류암頭流菴을 거쳐 천왕봉에 올랐고 다시 하동 의신사義神寺로 하산하여 신흥사新興寺, 쌍계사雙谿寺, 불일암佛日庵을 둘러보고 남원으로 돌아오는 일정이었다.

유몽인은 「유두류산록」에서도 언급하였듯, 성품이 얽매임을 싫어하여 약관弱冠(20세)이 되기도 전부터 유람을 시작했다. 삼각산·천마산·설악산·금강산은 물론이고 북쪽의 장백산을 넘어 두만강에 이르렀으며, 백두산·묘향산·구월산에 오르는 등 우리나라 온 산하를 두루 유람하였다. 또한, 이에서 그치지 않고 중국을 세 번이나 다녀와 요동에서부터 북경까지 그 아름다운 산과 물을 두루 보았다고 하였다. 그는 우리 산하의 모든 경관을 발로 밟고 눈으로 확인함으로써, 자신을 '천하를 두루

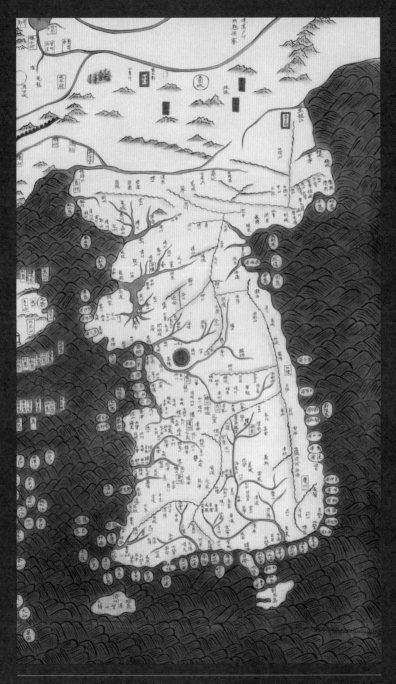

그림 10 〈혼일강리역대국도지도混一疆理歷代國都之圖〉 한반도 부분, 서울대학교 규장각한국학연구원

유람한 사마천司馬遷'에 비유해도 뒤지지 않을 것이라 자부했던 인물이다. 그런 그가 우리나라의 산천 중 '지리산'이 최고라 하였다.

나는 일찍이 우리나라 땅의 형세가 동남쪽이 낮고 서북쪽이 높으니, 남쪽 지방 산의 정상이 북쪽 지역 산의 발꿈치보다 낮을 것으로 생각하였다. 또한, 두류산이 아무리 명산이라도 우리나라 산을 통틀어 볼 때 풍악산이 집대성하니, 바다를 본 사람에게 다른 강은 대단찮게 보이듯, 이 두류산도 단지 한 주먹 돌덩이로 보였을 뿐이었다. 그런데 이제 천왕봉 꼭대기에 올라 보니, 그 웅장하고 걸출한 것이 우리나라 모든 산의 으뜸이었다.

두류산은 살이 많고 뼈대가 적으니, 더욱 높고 크게 보이는 이유이다. 문장에 비유하면 굴원屈原의 글은 애처롭고, 이사李斯의 글은 웅장하고, 가의賈誼의 글은 분명하고, 사마상여司馬相如의 글은 풍부하고, 자운子雲[양웅揚雄]의 글은 현묘한데, 사마천의 글이 이를 모두 겸비한 것과 같다. 또한, 맹호연孟浩然의 시는 고상하고, 위응물韋應物의 시는 전아하고, 왕마힐王摩詰[왕유王維]의 시는 공

교롭고, 가도賈島의 시는 청아하고, 피일휴皮日休의 시
는 까다롭고, 이상은李商隱의 시는 기이한데, 두자미杜子
美[두보杜甫]의 시가 이를 모두 종합한 것과 같다. 지금 살
이 많고 뼈대가 적다는 것으로 두류산을 하찮게 평한
다면, 이는 유사복劉師服이 한퇴지韓退之[한유韓愈]의 문장
을 똥 덩이라 기롱한 것과 같다. 이렇게 보는 것이, 산
을 안다고 할 수 있을 것이다.

지금 두류산은, 백두산에서 시작하여 면면이 4천 리나
뻗어 온 아름답고 웅혼한 기상이 남해에 이르러 엉켜
모이고 우뚝 일어난 산으로, 열두 고을이 주위에 둘러
있고, 사방의 둘레가 2천 리나 된다. 안음安陰과 장수長
水는 그 어깨를 메고, 산음山陰(현 산청)과 함양은 그 등을
짊어지고, 진주와 남원은 그 배를 맡고, 운봉과 곡성은
그 허리에 달려 있고, 하동과 구례는 그 무릎을 베고, 사
천과 곤양은 그 발을 물에 담근 형상이다. 그 뿌리에 서
려 있는 영역이 영남과 호남의 반 이상이나 된다. … 내
발자취가 미친 모든 곳의 높낮이를 차례 짓는다면 두
류산이 우리나라 첫 번째 산임은 의심할 나위가 없다.

유몽인은 지리산을 올라 보기 전까진 우리나라의 최고 명산

으로 금강산을 자부하였다. 지리산은 한 주먹의 돌덩이에 불과할 정도로 남쪽 지역에 치우친 하잘것없는 산으로 인식하고 있었다. 그런 그가 천왕봉에 오른 후 자신이 다녀 본 모든 산 가운데 지리산이 최고라 칭송하고 있다.

특히 문文·시詩·서書에 두루 뛰어나 당시 문단文壇의 중심에 있던 인물답게 지리산을 문장과 시에 비유한 그의 식견은 탁월하다고 하겠다. 문장으로는 굴원과 이사와 가의와 사마상여와 양웅의 장점을 모두 겸비한 사마천의 글에 해당하고, 시에 비유하자면 당나라 때 유명한 시인 맹호연과 위응물과 왕유와 가도와 이상은의 장점을 모두 겸비한 시성詩聖 두보의 시에 해당한다고 칭송하였다. 유몽인에게 있어 지리산은 천하의 그 어떤 명산에도 비견되지 않는 자긍심의 산이었음을 알 수 있다.

그뿐인가. 지리산 권역을 사람의 신체에 의인화擬人化하여 비유하고, 그 품과 깊이를 전라도 장수·곡성은 물론 경상남도 사천과 곤양까지로 확대하고 있다. 이는 현재까지 발굴된 지리산 유람록 중에서 지리산 권역의 범주를 가장 넓게 인식한 경우이다. 더구나 이처럼 과장된 듯한 권역 설정과 장대한 논설은 그의 직접적 체험에 의한 주장이기에 더욱 설득력을 지닌다. 유몽인의 이러한 총평을 통해 지리산이 여러 장점을 집대성한 명산이라는 인식을 갖게 하였다.

무속의 성지가 된 산, 박여량

지리산 권역은 골짜기마다 각각의 특징을 지닌다. 예컨대 하동 청학동은 최치원崔致遠을 통해 조선조 지식인의 이상향 공간으로 인식되었고, 산청 덕산동德山洞은 남명 조식이 들어온 이후로 그 위쪽의 대원동大源洞과 함께 도학道學의 성지聖地로 일컬어졌다. 지리산 청학동은 현 하동군 화개면 쌍계사 위쪽 불일폭포 일대를 가리키고, 대원동은 현 대원사大源寺가 있는 산청군 삼장면 유평리 일대를 일컫는다.

그 외에 또 하나가 있었으니, 바로 함양 백무동百巫洞이다. 백무동은 이름에서도 알 수 있듯, 온갖 무속 행위가 난무하는 지리산 권역 무속의 성지였다. 그중 대표적인 두 곳이 있었으니, 용유담龍游潭과 천왕봉 성모사聖母祠이다. 먼저 용유담을 찾아가 보자.

용유담은 조선조 문인이 함양 마천에서 백무동 계곡을 따라 천왕봉으로 오르는 코스에서 반드시 들르던 곳이었다. 현 경상남도 함양군 마천면 임천강 상류에 있는 못의 이름으로, 바위 협곡에 움푹 파여 그 깊이가 수십 길이나 된다고 한다.

용유담은 홍수나 가뭄 때 기우제祈雨祭를 지낸 곳으로도 유명하다. 점필재佔畢齋 김종직金宗直(1431-1492)은 함양군수로 부

그림 11 용유담

그림 12 그림 13 용유담 주변의 무속 행위

임한 그해 극심한 가뭄으로 백성들이 고통을 받자, 용유담에서 기우제를 올려 효험이 있었다고 전한다. 태촌泰村 고상안高尙顔 (1553-1623)도 삼가현감三嘉縣監으로 있던 1594년 봄에 가뭄이 심하여 용유담에 기우제를 지내러 갔다가 천왕봉까지 올랐다. 이는 이후 용유담이 무속 행위의 대표적 장소로 활용되는 계기가 되었는데, 유몽인이 지리산 권역에서 혹세무민惑世誣民하는 대표적 소굴로 천왕봉 성모사, 백무동의 백무당百巫堂과 함께 용유담 가에 있던 용유당龍遊堂을 지적한 것이 그 좋은 예이다.

용유담은 지리산 권역에서 경관이 빼어나기로도 유명하였다. 동계東谿 조귀명趙龜命(1693-1737)은 「유용유담기遊龍游潭記」에서 지리산의 북쪽 경관 중 이 용유담이 가장 빼어나다고 언급한 후, 용유담 가의 기괴한 바위 모양을 설명하였다. "둥글고 타원형인 것은 패옥佩玉과 같고, 움푹 파인 곳은 술잔이나 술통과 같았다. 그 너머로 몇 길이나 되는 바위에는 길 같은 흔적이 굽이굽이 이어져 있는데, 마치 용이 머리를 숙인 듯 꼬리를 치켜든 듯하였다. '용유담'이라는 이름은 이런 데서 생겨난 것이다" 라고 하여, 용유담 주변의 바위에 난 흔적에서 그 이름의 유래를 찾고 있다. 양대박은 용유담의 빼어난 경관이 금강산의 만폭동萬瀑洞과 비교해도 뒤지지 않는다고 자부하였다. 용유담을 읊은 유람시 또한 이처럼 빼어난 경관을 칭송하거나, 무속 등 이

단異端에 대한 경계를 표현한 것이 많다. 용유담은 지금도 많은 선현의 석각이 남아 있는 지리산 권역 북쪽 방면의 대표적 명승 중 하나이다.

다음으로 지리산 권역의 또 다른 무속 성지가 있으니, 바로 성모사이다.

> 성모사는 지리산 천왕봉 꼭대기에 있다. 사당에 성모 상聖母像이 있는데, 그 정수리에 칼자국이 나 있다. 속설에 "왜구가 우리 태조에게 패하여 어려운 지경에 처하자, 천왕天王이 자기들을 도와주지 않는다고 여겼다. 그래서 분함을 참지 못하여 성모상에 칼질을 하고 물러갔다"고 한다.
>
> ―『신증동국여지승람新增東國輿地勝覽』 권30,
> 경상도 「진주목晉州牧」, 사묘祠廟 성모사

이 기록대로라면 성모사는 천왕봉 꼭대기에 있었고, 그 안에 성모상이 모셔져 있었다. 이 석상을 누가 언제 만들었는지는 정확하지 않다. 다만 성모상은, 불가佛家에서는 석가모니의 어머니 마야부인摩耶夫人으로 인식하였고, 산 인근의 사람들은 모두 천왕성모天王聖母라 여기던 신상神像이었다. 질병이 있으면 가서 기도하였고, 산속의 승려들도 이 사당에 와서 성모에게 제사를 지냈다. 그 외에 이승휴李承休(1224-1300)의 『제왕운기帝王韻紀』에 의거해 성모가 고려 태조 왕건王建의 어머니 위숙왕후威肅王后라는 주장도 있었다. 이렇듯 역대로 지리산 성모의 실체에 대한 논란이 끊이지 않았다.

그러나 이는 어디까지나 민간에서 조성되어 유행한 의식이었을 뿐, 조선조 유가 지식인들은 지리산신智異山神으로 여겨, 자연과 하늘에 대한 숭배 의식이 가미된 장소로 인식하였다. 김종직이 천왕봉에서 다음 날 일출을 보게 해 달라고 제물을 차려 성모에게 기도했던 행위는 이러한 의식에서 발로된 것이라 하겠다.

이후 성모사는 영남과 호남 사람들의 음사淫祠가 되어 귀신을 숭상하는 풍습을 양성했다는 비판을 받았다. 예컨대 유몽인은 "인근의 무당들이 모두 이 성모에 의지해 먹고산다. 이들은 산꼭대기에 올라 유생이나 관원들이 오는지를 내려다보며 살피다가, 그들이 오면 토끼나 꿩처럼 흩어져 숲속에 몸을 숨긴다. 유람하는 사람들을 엿보고 있다가, 하산하면 다시 모여든다"라 하였다.

특히 감수재感樹齋 박여량朴汝樑(1554-1611)은 "임진왜란을 겪은 뒤 사람들이 백에 하나도 남지 않을 정도로 죽어 나가 마을

이 쓸쓸해져 더는 옛날의 모습이 아닌데, 세상 밖에 사는 무당이나 승려 같은 무리는 옛날보다 더욱 번성하고 있다. 사찰로 말한다면 금대암金臺庵·무주암無住庵·두류암頭流庵 외에 영원암靈源庵·도솔암兜率庵·상류암上流庵·대승암大乘庵 등은 예전에 없던 절이다. 사당으로 말한다면 백모당白母堂·제석당帝釋堂·천왕당天王堂 등은 모두 옛날에 화려하게 지은 것이고, 용왕당龍王堂·서천당西天堂 등은 새로 지었다. 노역을 피해 숨어든 무리와 복을 비는 백성들이 날마다 구름처럼 모여들어 봉우리와 골짜기에 난알이 어지러이 널려 있는데도 나라에서 금지할 수 없으니, 참으로 탄식할 만한 일이다"라고 하였다. 이를 통해 당시 성모사를 비롯한 지리산 권역의 사당과 사찰이 나라에서도 손쓸 수 없을 만큼 성행하였음을 알 수 있다.

성모사는 어떤 모습이었을까? 이와 관련해서는 김종직과 박여량의 기록에 중요한 단서가 보인다. 김종직은 "사당 건물은 세 칸뿐이었다. 엄천리嚴川里 사람이 새로 지었는데, 나무판자로 지은 집으로 못질이 매우 견고하였다. 이렇게 하지 않으면 바람에 날아가 버리기 때문이다"라 하였고, 박여량은 "봉우리 위에 판잣집이 있는데, 이 또한 이전에 본 그 모습이 아니었다. 이전에는 한 칸뿐으로 지붕은 판자를 덮고 돌로 눌러서 비바람에 날아가지 않을 정도였다. 지금은 그 규모를 넓혀 세 칸 집을 지었는데, 판자에 못을 박고 판자로 둘러친 벽 바깥에 돌을 에워싸 매우 견고하게 만들었다. 그 안에는 수십 명이 앉을 수 있었다"라고 기록하였다.

김종직이 성모사를 찾은 것은 1472년 8월 15일이고, 박여량은 1610년 9월 5일 천왕봉에 올랐다. 따라서 이들 사이에는 130여 년의 시차가 발생한다. 결국, 김종직이 머물렀던 성모사는 세 칸이었는데, 이후 성모사가 쇠락하여 한 칸으로 줄었다가 다시 세 칸으로 지어졌고, 더구나 한 칸이었을 때는 건물의 지붕을 제대로 잇지 못하고 돌을 얹어 놓을 정도의 허름한 집이었음을 알 수 있다. 엄천리는 현 경상남도 함양군 휴천면 남호리 일대를 가리킨다. 곧 천왕봉 성모사는 세 칸짜리 판옥이며, 함양 사람이 지었다.

그런데 우리는 박여량의 기록을 통해 재미있는 이야기를 들을 수 있다. 그의 일행이 성모사에 도착하여 승려에게 저녁밥을 지으라고 했더니, '한 늙은 무녀가 솥을 숨겨 버려서 밥을 할 수 없고, 물통을 아래로 떨어뜨려 버려 물을 길어올 수도 없다'고 하였다. 늙은 무녀가 선비들을 골탕 먹이려고 한 짓이어서 배가 고파도 밥을 해 먹을 수 없고, 목이 말라도 물을 마실 수 없게 된 것이다. 그 까닭을 물으니 다음과 같은 이야기를 들려주었다.

상봉은 진주와 함양의 사이에 있다. 지역으로 말하면 천왕봉 중앙이 경계가 되고, 천왕당으로 말하면 사당의 중앙이 경계가 된다. 그러므로 사당을 짓고 판자를 덮은 사람은 함양의 화랑花郎인 남자 무당이었고, 못을 박아 견고하게 한 사람은 진주의 늙은 무녀였다. 진주는 병영兵營이 있는 곳이고, 함양은 그 병영에 속한 군郡이다. 화랑과 무녀가 이익을 다투어 서로 싸우는 바람에, 이 봉우리의 사당이 싸움의 빌미가 되었다. 무녀는 사당을 진주의 것이라 하였고, 다른 일을 꾸며 화랑을 무고誣告하여 함양의 감옥에 갇히게 하였다. 그리고 사당에 있던 솥을 숨기고 물통을 없애 유람하는 사람들과 시인들이 먹고 마실 수 없게 하였으니, 무녀의 죄는 이것만으로도 매우 크다.

― 박여량, 「두류산일록頭流山日錄」

이 기록을 통해 몇 가지 단서를 포착할 수 있다. 지금의 지리산 천왕봉은 행정구역상 산청군과 함양군의 영역이다. 그러나 조선시대 천왕봉은 함양군과 진주목晉州牧의 교차 지점이었고, 성모사가 그 경계에 있었다. 천왕봉 꼭대기의 세 칸짜리 조그마한 판옥의 지붕을 덮은 사람과 못질한 사람이 각각 다른 지역의 백성이라는 점, 그것이 빌미가 되어 이 봉우리의 사당이 두 지역의 송사(訟事)거리가 되었다는 점 또한 재미있는 사실이다.

그러나 성모사를 포함한 천왕봉 인근의 땅은 조선 후기까지도 함양 관아의 소속이었다. 조선 후기의 유산기에 의하면, 함양군 주관으로 천왕봉에 열 칸이 넘는 건물을 지어 관할 수령이 천왕봉을 올랐을 때 묵을 숙소로 사용한 기록이 보이기 때문이다.

그림 14 천왕봉 성모사 추정 터

성모사의 위치 또한 초기와 후기가 달랐던 듯하다. 지암遲庵 이동항李東沆(1736-1804)은 「방장유록方丈遊錄」에서 '성모사는 본래 위쪽에 있었는데, 언제 아래쪽으로 옮겨 세웠는지 모르겠다'라고 의문을 제시하였다. 아마도 성쇠盛衰를 거듭하는 과정에서 성모사의 위치가 아래쪽으로 옮겨지고, 본래의 자리에는 조선 후기 함양 관아에서 축조한 수령의 숙소가 세워진 것으로 보인다.

천제天帝를 닮은 산, 안익제

'멀리 솟은 두류산 낮게 깔린 저녁 구름'은
고려 이인로가 청학동을 찾아 지은 시이고,
'높은 지리산 만 길이나 푸르네'라는 것은
포은 정 선생이 승려에게 지어 준 시이며,
'방장산은 대방의 남쪽에 있네'라는 것은
당나라 두보의 시 속에 나오는 말이라네.

頭流山逈暮雲低 (두류산형모운저)

李仁老詩尋靑鶴 (이인로시심청학)

智異山高萬丈靑 (지리산고만장청)

圃隱先生贈雲衲 (포은선생증운납)

方丈山在帶方南 (방장산재대방남)

杜草堂詩中說 (두초당시중설)

이는 경상남도 진주 출신의 부사浮査 성여신成汝信(1546-1632)이 78세(1623) 때 지리산을 유람하고 쓴 「유두류산시遊頭流山詩」의 일부이다. 이 작품은 172구의 장편 기행시로, 법계사를 거쳐 천왕봉에 올랐던 기록이다. 성여신은 이 외에도 71세(1616) 때 지리산 쌍계사 방면으로 유람하고 「방장산선유일기方丈山仙遊日記」(유산기)를 남겼다.

이 작품에는 지리산 외에도 '두류산頭流山·방장산方丈山'이란 이름이 나온다. 대개 유람자의 지리산 인식은 그 명칭을 통해 표출되었다. '지리산'이란 명칭은 최치원의 『고운집孤雲集』, 이규보李奎報(1168-1241)의 『동국이상국집東國李相國集』, 정몽주鄭夢周(1337-1392)의 『포은집圃隱集』 등에서 언급되고 있으며, 고려시대 『삼국사기三國史記』·『삼국유사三國遺事』에는 '지리산地理山'과 혼용하고 있다. 그러나 그 '지리智異'란 이름의 의미에 대해서는 기록이 전하지 않아 정확하지 않으며, 언제부터 사용했는지도 알 수 없다.

'두류산'은 고려시대 이인로李仁老(1152-1220)의 『파한집破閑集』과 이곡李穀(1298-1351)의 『가정집稼亭集』에서부터 나타난다. 고려 말기 신진사대부에게서 본격적으로 쓰이기 시작하여 조선시대 문인이 가장 즐겨 사용하던 이름이다. 언제부터 불리었는지는 정확하지 않으나, 대개 '백두산의 산줄기가 흘러내려 이 산에 이르렀다'는 뜻으로 인식하였고, 조선조 지식인의 국토 인식을 나타내는 이름으로 통용되었다.

'방장산'이란 명칭은 사마천의 『사기史記』에 중국 삼신산三神山의 하나로 표기하면서 유래하였다. 그러나 이후 당나라 때 두보杜甫가 '방장산은 삼한 너머에 있다(方丈三韓外)'라고 읊은 시구

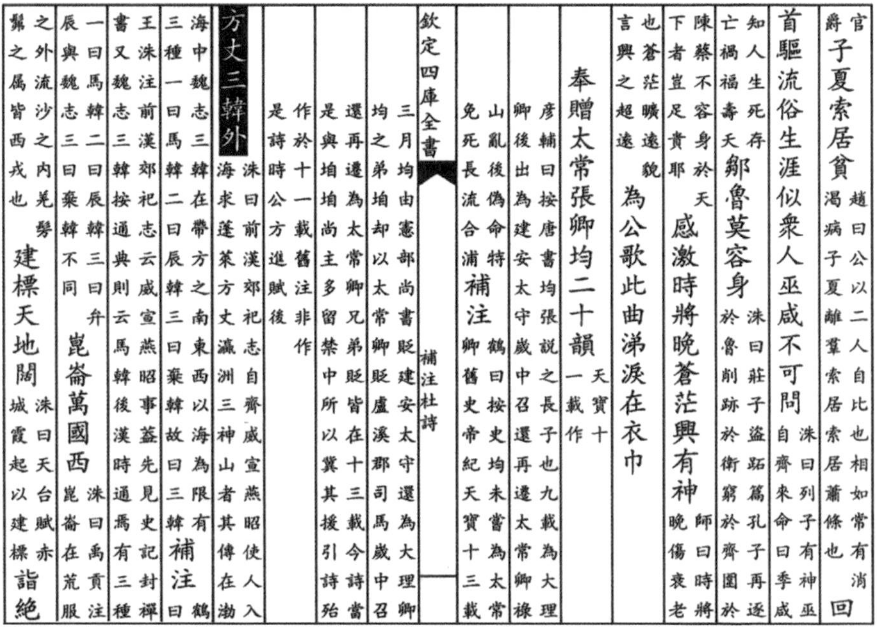
官爵子夏索居貧趙曰公以二人自比也相如常有消渴病子夏離羣索居索居蕭條也回
首驅流俗生涯似衆人巫咸不可問洙曰列子有神巫自齊來命曰季咸
知人生死存亡禍福壽夭鄒魯莫容身洙曰莊子盜跖篇孔子再逐於魯削跡於衛窮於齊圍於
陳蔡不容身於天下者豈足責耶感激時將晚蒼茫興有神師曰時將晚傷衰老
也蒼茫曠遠貌言興之超遠為公歌此曲涕淚在衣巾
奉贈太常張卿均二十韻天寶十一載作
彥輔曰按唐書均張說之長子也九載為大理卿後出為建安太守歲中召還再遷太常卿祿
山亂後偽命特免死長流合浦補注鶴曰按史均未嘗為太常卿舊史帝紀天寶十三載
欽定四庫全書 補注杜詩
三月均由憲部尚書貶建安太守還為大理卿均之弟垍却以太常卿貶盧溪郡司馬歲中召
還再遷為太常卿兄弟貶皆在十三載今詩當是與垍垍尚主多留禁中所以冀其援引詩殆
作於十一載舊注非作是詩時公方進賦後
方丈三韓外洙曰前漢郊祀志自齊威宣燕昭使人入海求蓬萊方丈瀛洲三神山者其傳在渤
海中魏志三韓在帶方之南東西以海為限有三種一曰馬韓二曰辰韓三曰弁韓故曰三韓補注鶴曰
王洙注前漢郊祀志云威宣燕昭事蓋先見史記封禪書又魏志三韓按通典則云馬韓後漢時通焉有三種
一曰馬韓二曰辰韓三曰弁辰與魏志三曰弁韓不同崑崙萬國西洙曰禹貢注崑崙在荒服
之外流沙之內羌髳髳之屬皆西戎也建標天地闊洙曰天台賦赤城霞起以建標詣絕

그림 15 『흠정사고전서欽定四庫全書』『보주두시補注杜詩』, 「봉증태상장경균이십운奉贈太常張卿均二十韻」

의 주석註釋에서 '삼한은 대방국帶方國의 남쪽에 있다'라고 한『위지魏志』의 기록이 조선에 전해지면서, 또한 즐겨 사용하는 결정적 계기가 되었다. 대방국은 현 전라북도 남원南原의 옛 이름이고, 남원 인근의 신산神山인 지리산의 별칭으로 인식하였다. 이러한 시각은 조선시대 내내 보편적으로 수용되었다.

그런데 서강西崗 안익제安益濟(1850-1909)는 이와 전혀 다른 독특한 인식을 피력하였다. 그는 구한말에 활동했던 지리산권 의령 지역의 대표적 지식인이다. 1903년 8월 27일부터 10월 7일까지 한 달가량 지리산 권역을 유람하고 「두류록頭流錄」(유산기)과 장편의 연작 기행시 「두류록頭流錄」과 「악양록岳陽錄」을 남겼다. 기행시 두 편에는 각각 50수 내외의 한시가 실려 있는데, 거쳐 가는 곳마다 작품을 읊고 있어 분량 면에서도 여느 유람자에 비해 압도적으로 많다. 먼저 그의 「지리산」 시를 읽어 보자.

> 반야봉과 천왕봉이 우뚝하게 일어나서
> 영남과 호남의 경계에 크게 서려 있네.
> 지혜로운 이와 특이한 산물 많이 나니
> 이 산이 얻은 그 이름 헛되지 않구나.
>
> 盤若主峯舊起於 (반야주봉분기어)
> 嶺湖中界大蟠居 (영호중계대반거)

智人異物多藏畜 (지인이물다장축)

山得其名不是虛 (산득기명불시허)

    안익제는 '지리산·두류산·방장산'에 대한 자신의 의견을 각각 피력하였다. 무엇보다 그는 「두류록」(유산기)에서 '지혜로운 인물과 기이한 물건이 그 사이에서 많이 산출되기 때문에 지리산이라 이름하였다'라고 하여, 지금까지의 인식과는 전혀 다른 새로운 설을 수장하였다. 언뜻 명칭의 한자 뜻을 풀이하여 설명한 듯 보인다. 그러나 안익제는 지리산이 영남과 호남의 경계이고, 그 사이에 진주·하동·함양·산청 등 일곱 고을이 웅거하고 있음도 잊지 않고 언급하였다. 결국, 안익제는 지리산 권역의 지혜로운 인물을 통해 '지리산'을 인식하였고, 이들과 함께 지리산도 만고에 전해질 것이라 자부하였다.

    그런데 지리산의 최고봉인 천왕봉에 대해서는 구한말 지식인의 시대 인식을 강하게 드러냈다. 그는 날씨로 인해 천왕봉에 오르지 못했지만 「천왕봉가天王峰歌」를 지어 자신의 감회를 핍진하게 묘사하였다. 이는 그 많은 지리산 기행시 가운데에서도 이례적으로 자신의 감정을 아주 직설적으로 노출한 작품이라 주목해 볼 만하다.

방장산의 상봉을 천왕봉이라고 부르니

천왕봉이란 호칭은 황제만큼 존귀하네.

세인들은 천왕봉이 귀중한 줄을 모르고

천왕봉 밟기를 마치 마당 밟듯이 하네.

우리를지언정 어찌 밟을 수 있으리오?

산이 중하지 않고 그 이름이 황송해서라.

이번 산행에 천왕봉을 능멸할 뜻 없으니

춘추대의가 마음에 꽉 차 있기 때문이라.

...

귀신같은 칼과 도끼로 요망한 자들 몰아내고

이 땅을 환히 청소해 밝은 햇빛 돌려주소서.

천왕처럼 막강하게 우리나라 안정되게 하시고

천왕처럼 오래오래 우리 황제 장수하게 하소서.

아! 천년토록 만년토록

영원히 무궁하게 하소서.

높기로는 하늘만큼 드높은 것이 없겠고

존귀하기로는 왕만큼 존귀한 분 없다네.

이 산이 비록 높지만 대지 위에 있으니

높다한들 어떻게 하늘 문까지 닿으리오.

이 산이 존귀하지만 이 나라의 국토이니

존귀한들 어찌 천왕과 이름을 함께 하리.

산 위의 하늘이 바로 이 산의 왕이시니

하늘을 통솔하는 천황이 천지인 조율하네. *천지인(天地人)

다만 바라노니, 천왕봉 위의 신령이시여

우리 천왕의 대대손손을 영원히 도우소서.

그 덕은 천왕봉의 존귀함처럼 존귀하고

그 복은 천왕봉의 높이만큼 높게 하여

한 차례 온 천하의 먼지를 쓸어 주소서.

方丈上峯是天王 (방장상봉시천왕)

天王之號尊如皇 (천왕지호존여황)

世人不識天王重 (세인불식천왕중)

足踏天王如睡場 (족답천왕여톤장)

寧可仰止那何踏 (녕가앙지나하답)

山非重也名是惶 (산비중야명시황)

今行未敢凌高意 (금행미감능고의)

春秋大義在腔腸 (춘추대의재강장)

…

神劍鬼斧驅魍魎 (신검귀부구망량)

廓淸區宇回壽晹 (곽청구우회제역)

奠我家邦如天王之強 (전아가방여천왕지강)

壽我皇帝如天王之長 (수아황제여천왕지장)

於千萬年 (어천만년)

永享無疆 (영향무강)

高高莫若天之高 (고고막약천지고)

尊尊莫若王之尊 (존존막약왕지존)

此山雖高猶在地 (차산수고유재지)

高高那得及天門 (고고나득급천문)

此山雖尊猶國土 (차산수존유국토)

尊尊那得名相渾 (존존나득명상혼)

山之天也山之王 (산지천야산지왕)

統天皇王調三元 (통천황왕조삼원)

但願天王峯上靈 (단원천왕봉상령)

輔我天王萬萬世子孫 (보아천왕만만세자손)

德如天王峯之尊 (덕여천왕봉지존)

福如天王峯之高 (복여천왕봉지고)

一掃烟塵廓乾坤 (일소연진곽건곤)

— 안익제, 「천왕봉가」 중

안익제는 비 때문에 어쩔 수 없이 하산했음에도, 기행시에
서는 천왕天王이 사는 곳까지 밟을 수 없어 올라가지 않았으며,

그림 16 천왕봉에서 본 지리산 능선, 조규완 작

세속의 사람이 천왕봉을 함부로 밟는 것은 머리와 발이 자리를 뒤바꾼 형상인데, 오랑캐의 재앙은 반드시 이런 데서 시작된다고 경계하였다. 이 시는 '천왕'이라는 봉우리 이름에서 유추하여 구한말의 어려운 시대 상황과 지식인의 고뇌를 고스란히 담아내고 있다.

지리산 천왕봉의 영웅 기상이 없어져서 지금 이 시대는 오랑캐가 날뛰는 세상이 되었고, 그래서 천왕봉이 예전의 그 우뚝한 기상을 회복하기를 염원하고 있다. 지리산 천왕봉은 곧 우리나라의 상징이고, 우리 임금을 표상하기 때문이다. 천왕봉의 기상이 쇠퇴하여 국력이 약해졌고, 나아가 나라가 침략당하는 수난을 겪고 군주가 억압과 멸시를 당한다고 판단하였다. 이러한 안팎의 위기에서 나라를 보존하고 자존감을 높이는 것은 지리산 천왕봉이 그 영험한 빛을 회복하는 길이며, 그래야만 이 땅에도 안정된 세상이 열린다고 희망하였다. 그래서 이 나라와 이 땅을 다스리는 임금의 강건함을 축원하였고, 대대손손 이 나라를 영원하게 해 달라 염원하였다.

특히 말미에서 지리산 천왕봉의 신성함과 존귀함만큼이나 우리나라의 자존감을 환기시키고 있다. 이러한 '천왕봉=조선=임금'이라는 인식은 변함없이 강인함을 보이는 지리산 천왕봉처럼, 이 시기의 국난을 극복하고 대대손손 강성한 나라로 지속되기를 바라는 개화기 지식인의 염원이었다. 이러한 지리산 인식에는 이전에 없던 독특함이 돋보인다. 특히 명칭을 통해 그 의미를 유추하고, 나아가 자기의 생각과 시대 정신까지 이입하여 표출하는 방식은 그만의 특징으로 꼽을 수 있겠다.

4

지리산과 사람,
그리고 산행문화

치자治者의 염원을 담아, 천왕봉 일월대

일월대日月臺는 현 지리산 천왕봉 표지석이 있는 곳에서 동쪽으로 중산리를 바라보고 서면 오른쪽 끝에 있는 바위이다. 그 아래에 여러 사람의 이름과 함께 '日月臺' 세 글자가 새겨져 있다. 이 또한 언제 누가 새긴 것인지 정확하지 않다. 석각된 위치가 밑에서 올려다보기에도 위쪽에서 내려다보기에도 어정쩡하여 쉽게 찾을 수 없다. 무심코 지나쳐 버릴 수 있는 이곳은 예부터 천왕봉에 오른 선현들이 일출日出과 일몰日沒과 월출月出을 맞이하던 장소였다.

'일월대'란 명칭은 구당久堂 박장원朴長遠(1612-1671)의 「유두류

천왕봉 일월대 각자

산기遊頭流山記」에 처음 보인다. 박장원은 1643년 8월 20일부터 7일 동안 함양의 용유담, 군자사, 하동암河東巖을 거쳐 천왕봉에 올랐으니, 그 이전에 누군가 바위에 새겨 놓았으리라.

'일월대'란 명칭은 어디에서 유래하였을까. 경상남도 단성丹城 사람인 니계尼溪 박래오朴來吾(1713-1785)는 1752년 8월 13일 일월대에 올라 일출을 보았다. 그리고는 "이곳에 올라야만 해와 달이 뜨고 지는 것을 제대로 볼 수 있으니, 옛사람들이 일월대라 이름하였구나"라고 하였다.

선인들이 일출을 맞이한다는 것은 단순히 떠오르는 해를 보며 자신의 소망과 염원을 비는 행위와 사뭇 다른 의미를 지닌다. 예컨대 『서경書經』「요전堯典」에 의하면, 요堯 임금은 먼저 희화羲和에게 천상天象을 관찰하고 책력冊曆(달력)을 만들어 백성들에게 농사철을 알려 주게 하였고, 희중羲仲에게 명하여 양곡暘谷(동쪽)에 살면서 뜨는 해를 맞이하게 하였다. 희숙羲叔에게 명도明都(남쪽)에 살면서 여름철 만물이 생장하는 일을 살펴서 변화하게 하였고, 화중和仲에게 매곡昧谷(서쪽)에 살면서 지는 해를 공손히 전송하게 하였고, 화숙和叔에게 유도幽都(북쪽)에 살면서 소생하는 기운으로 바뀌는 변화를 살피게 하였다고 한다. 이는 사방에 각각 파견하여 각 지방에서의 실제 기후 관측을 통해 태양의 출입 시각과 절기를 확인케 하는 것으로, 천문天文을 살펴 백성들이 농사를 잘 짓고 평안히 살아가길 염원하는 성왕聖王의 일이었다. 조선시대 지리산 천왕봉을 오른 유람자는 출사出仕하여 백성을 다스리거나 다스릴 치자治者였다. 지리산은 국내 명산 가운데에서 민간의 삶과 가장 밀접하게 닿아 있는 산이고, 따라서 그들에게 천왕봉 일출은 특히 큰 의미가 있었다. 일월대는 그들의 염원이 집약된 곳이었다.

일월대는 정확히 어느 지점을 일컫는 것일까? 지리산 유람록에서는 천왕봉에 올라 성모사나 그 주변 언저리에서 밤을 지새우고 새벽녘 일월대에 올라 일출을 맞이하는 기록이 자주 보인다. 마치 천왕봉과 일월대가 별도로 존재하는 듯 기록하고 있다. 또한 '주위에 나지막한 담장이 둘러 있었다'라거나 '너른 바위는 펼쳐 놓은 자리와 같으며, 작은 돌들이 담을 둘러친 듯하였다'라는 기록에서 보듯, 대개 빙 두른 담장을 언급하고 있다. 곧 천왕봉 정상에 1백여 명이 앉을 만하고, 담장을 두른 널찍한 바위가 일월대라는 것이다.

그중 박래오는 "일월대 위에는 사방에 석축石築이 있는데, 모두 서너 자 남짓되었다. 이는 대체로 바람을 피하기 위한 것이었다. 그 아래 형세를 보니 더욱 경사지고 위태로웠으며, 사방의 시야가 한눈에 확 들어와 끝이 없었다"라고 하여, 당시 일월대의 위치와 상황을 더욱 자세히 언급하고 있다.

우리는 여기서 새로운 사실을 알게 된다. 사방이 탁 트인 천왕봉 꼭대기에 세찬 바람을 막기 위해 돌담을 쌓았다는 것이다. 천왕봉의 돌담에 대해서는 1799년 8월 천왕봉에 올랐던 유문룡柳汶龍(1753-1821)의 「유천왕봉기遊天王峯記」에서 더 정확한 사실을 확인할 수 있다.

5리를 가니 앞에 더 나아갈 길은 없고, 4-5길 정도 되는 바위(천왕봉)가 우뚝 솟아 있었다. 그 위는 넓고도 평평하여 몇 사람 정도 앉을 만했다. 주위를 빙 둘러 담을 쌓았는데, 그 높이가 사람의 어깨 정도였다. 서쪽으로 문이 하나 있었으니, 이곳이 이른바 일월대였다. 마침내 일월대에 올라 담장에 기대어 아래를 굽어보았다.

천왕봉 주위에 사방으로 어깨높이의 돌담이 있고, 그곳에서 바람을 피하며 편안한 자세로 앉아 아래로 세상을 조망할 수 있었음을 알 수 있다. 박래오는 1752년 8월에, 유문룡은 1799년 8월 천왕봉에 올랐다. 박래오가 본 일월대 석축과 유문룡이 본 돌담이 같은 것인지는 확실치 않다. 다만 두 사람의 기록을 통해 지금의 천왕봉 정상에 서너 자 남짓한 어깨높이의 문이 달린 석축이 있었음을 확인하였다.

그런데 또 하나의 궁금증이 생긴다. 그 돌담은 과연 누가 언제 쌓은 것일까? 만성晚醒 박치복朴致馥(1824-1894)은 경상감사慶尙監司 윤광안尹光顔(1757-1815) 일행이 등정할 때 쌓은 것이라고 하였다. 윤광안은 1807년 3월 24일부터 9일 동안 진주목사 이낙수李洛秀·함양군수 남주헌南周獻(1769-1821)·산청현감 정유순鄭有淳 등과 쌍계사·칠불사·제석당帝釋堂을 거쳐 천왕봉에 올랐으니, 박래오나 유문룡보다 훨씬 훗날의 산행이었다.

이 돌담이 이들의 유람 일정에 맞추어 단시일에 축성된 것이긴 하나, 이전에 없던 새로운 일은 아니었던 듯하다. 남주헌의 「지리산행기智異山行記」에 의하면, "상봉의 정상에는 원래 집이나 담장이 없었는데, 관찰사를 위해 몇 칸의 초가집 같은 숙소를 만들고, 또 여러 수령을 위해 쉴 곳을 지어 놓았다. 동암면動巖面과 마천면馬川面의 백성들은 60년 동안 세 차례나 이런 일을 했으니, 한창 봄 농사를 해야 할 때 백성들이 무척이나 고달팠을 것이나"라고 하였다. 윤광안과 함께 등정했던 남주헌은 당시 함양군수로 있었고, 게다가 마천면 등은 함양의 관할이었으니, 관찰사 윤광안을 위해 쌓았다면 결국 남주헌의 명령으로 진행된 것이다. 그 이전에도 있던 사업이었는데, 이때 경상관찰사의 천왕봉 등정에 맞춰 완공을 서둘렀던 것으로 보인다. 60여 년 전부터 정상에 집을 짓고 담장을 쌓는 작업이 있었으나, 이 이전에 축성된 건물에 관한 기록은 보이지 않는다.

남주헌의 산행 기록을 통해 지리산 천왕봉 언저리에는 일월대 담장뿐 아니라 관찰사나 수령을 위한 숙소가 있었음을 확인할 수 있다. 이는 진주 사람 사농와土農窩 하익범河益範(1767-1815)의 「유두류록遊頭流錄」에서도 확인된다.

추위가 심해 더는 오래 버틸 수 없어 서둘러 관찰사가

머무는 곳으로 내려왔다. 함양 아전 임시혁林蓍㛟·임상언林相彦, 그리고 석수石手 세 사람이 경상관찰사 윤광안, 함양군수 남주헌, 산청현감 정유순, 진주목사 이낙수 등의 이름을 방금 새겼다. 또 관찰사의 숙소를 살펴보니 온돌방·회의실·수선실·부엌 등이 일체 완비되어 있었다. 아전 임시혁이 말하기를 "상봉은 함양 소속입니다. 그러므로 작년 가을에 감영監營에서 관찰사의 숙소를 지으라는 명령이 있었습니다. 그래서 숙소를 짓기 시작했는데, 날씨가 너무 추워 공사를 중단했습니다. 금년 봄에 다시 숙소를 지으라는 명령이 있어 3월 초 산을 올라가 공사를 했습니다. 우리는 감독을 하였는데, 골짜기에 있는 각 마을에서 비용을 부담한 것이 아무리 적어도 50-60금은 넘었습니다. 길을 닦는 공사는 저희 함양과 진주·하동 세 고을의 병사들이 맡았는데, 1만 명가량 동원되었습니다. 상봉에서 하동 칠불암까지 90리 길은 좌우에 하늘을 가릴 정도로 나무가 빽빽이 들어차 있어, 나무를 베어 내고 길을 확장하여 평지의 길처럼 넓고 평탄하게 하였습니다. 그래서 민폐가 극에 달했습니다"라고 하였다. 이런 공사는 좋지 못한 전례를 남긴 데다 후인들이 무턱대고 따라 할 것이니, 어찌 백성을 길러 주는 목민관牧民官의 일이겠는가?

온돌방에 들어가 촛불을 켜고 앉았다.

하익범은 남주헌보다 하루 뒤인 1807년 3월 25일부터 4월 8일까지 15일 동안 지리산을 유람하였다. 진주를 출발해 덕산과 중산리를 거쳐 천왕봉에 올랐고 세석평·벽소령·칠불암·쌍계사·불일암을 경유해 화개를 거쳐 돌아오는 일정이었다. 남주헌 일행은 3월 29일 친왕봉에 올라 30일 새벽 일출을 맞았고, 하익범 일행은 그 하루 뒤인 30일 천왕봉에 올라 이 숙소에서 묵고 다음 날 일출을 보았다.

일명 '관찰사 숙소'는 새로이 축성된 건물이었다. 남주헌에 의하면, 이 건물은 성모사와 멀지 않은 곳에 있었다. 이는 1807년 당시 천왕봉 주변에 관한 몇 안 되는 상세 기록이다. 특히 윤광안이 경상감사로 있던 감영에서 관찰사의 천왕봉 등정을 위해 함양 관아에 숙소를 지을 것을 명했고, 그로 인해 정상 주변에 온돌방·회의실·수선실·부엌 등을 일체 완비했다는 사실이 새삼 놀랍다.

남주헌과 하익범보다 한 달 전인 1807년 2월 천왕봉에 올랐던 내옹乃翁 안치권安致權(1745-1813)은 「두류록頭流錄」에서 "일월대 아래 조금 떨어진 곳에 십여 칸의 집이 지어져 있었는데, 창문이 나란히 설치되어 밝고 환하였다. 이 집은 함양군이 지은 것으로, 내일 순찰사가 머물 곳이었다. 우리가 머물러 쉬어도 무방하였으므로, 이 집에서 유숙하였다"라고 기록하였다. 이로써 남주헌의 언급처럼, 윤광안의 등정 이전에도 이미 순찰사 등을 위해 천왕봉에 숙소를 건립하는 공사가 있었으며, 숙소의 실제 규모가 십여 칸이나 되었고, 본래 건립 목적과 달리 관찰사 외에도 천왕봉에 오른 유람자가 유숙했음을 알 수 있다.

바위에 이름을 새기는 이유

지금처럼 산행이 발달하진 않았으나, 선현들에게 명산 유람은 평생의 소망이었다. 그런 소망을 이룬 이들은 정작 산에 가서 무얼 했을까. 한 번 나선 걸음에 많은 것을 보고자 했기에 지리산행은 생각보다 오랜 일정이 소요되기도 하였다. 대개는 대엿새 일정이 보편적이었으나, 열흘 전후의 장기 유람도 제법 확인된다. 물론 김일손을 비롯해 이계夷溪 황도익黃道翼(1678-1753)·명암冥庵 이주대李柱大(1689-1755) 등 보름 이상의 일정으로 유람한 이도 몇몇 보인다. 그들은 그 여정에서 무엇을 했을까. 국내의 명산 유람록을 통해 몇 가지 공통적인 일을 확인할 수 있다.

먼저 한시를 지었다. 이들은 산행 도중 명승名勝을 만나면 어김없이 한시를 지었고, 술자리를 열어 그 감회를 표출하기도 했다. 한시는 조선시대 문인의 일상이었던 만큼 산행에서도 많게는 수십 편을 지었고, 문재文才가 뛰어난 이들은 수백 운韻을 활용한 장편 시를 짓기도 하였다. 유몽인·성여신 외에도 금계錦溪 황준량黃俊良(1517-1563)·제호霽湖 양경우梁慶遇(1568-?) 등은 1백 개 이상의 운자를 사용한 대작을 거침없이 쏟아 내기도 하였다.

산행에서의 기나긴 밤은 가져간 서적을 읽거나, 일행과 주제를 두고 토론을 벌이는 경우가 허다하였다. 『심경心經』과 『근사록近思錄』 등의 수신서修身書가 자주 보이며, 「태극도설太極圖說」 등 성리설性理說과 관련한 주제가 토론에 자주 등장하곤 하였다. 간혹 숙소로 사용한 사찰에서나 길잡이 승려 중에 해박한 고승高僧이라도 만나면 산중고사山中故事나 관련 내력 등을 얻어듣기도 하였다. 지리산행에서는 이동항이 함양 명적암明寂庵에 들렀을 때 그곳의 승려 도원道原과 기질지성氣質之性에 관해 심도 있게 진행한 논쟁이 유명하다. 유교와 불교의 이론을 두고 한밤중 적막한 산사에서 두 고수高手의 설전舌戰이 제법 긴장감을 유발하였다.

각자刻字 또한 산행에서 빼놓을 수 없는 일이었다. '각자'는 '글자를 새긴다'는 뜻이다. 바위에 새기는 경우가 가장 많았고,

사찰이나 누정樓亭의 벽과 기둥 등 장소를 가리지 않고 새겼다. 대개 자신을 포함한 동행자의 이름을 새겼고, 한시를 새기기도 했으며, 자신이 찾은 공간에 이름이 없는 경우에는 새로이 이름을 지어 주고 새겼다. 따라서 이들은 기본적으로 산행을 떠날 때 석공石工을 대동하였다.

지리산에도 많은 각자가 현전하고 있다. 이러한 행위가 언제부터 시작되었는지는 확인되지 않는다. 지리산에서 유람자가 직접 각자한 것은 김종직에게서 처음 보인다. 1471년 함양 군수로 부임한 그는 이듬해 추석을 즈음하여 천왕봉으로 향했고, 마천리 의탄마을에 도착해 동행했던 제자 유호인兪好仁(1445-1494)에게 바위에 이름을 새기도록 하였다. 그리고 17년 뒤인 1489년 천왕봉에 오른 김일손은 성모사 들보에서 스승 김종직과 동문 유호인·조위曺偉(1454-1503)의 이름을 발견하였다. 김종직은 천왕봉에 올라 성모사에서 묵으며 일출을 보게 해 달라고 성모에게 기도하였고, 우여곡절 끝에 찬란한 일출을 맞이한 후 하산하였다. 이로써 천왕봉에서도 그들의 각자 행위가 있었음을 알 수 있다.

이렇듯 산행에서의 각자는 관행적으로 행해졌고, 일종의 의식이기도 했다. 추앙하는 선현을 닮고자 하는 염원이기도 했고, 가깝게는 스승이나 조상의 이름 곁에 자신의 이름도 나란히 새

그림 18 용유담의 각자들

그림 19 세이암 각자

쌍계석문 각자

겨서 남기려는 소박한 바람이기도 했다. 또한, 산속의 돌에라도
이름을 남기려는 인간의 헛된 욕망의 표출이기도 하였다.

　지리산의 명승 중 각자로 이름난 곳은 천왕봉의 일월대, 쌍
계사 입구의 쌍계석문雙磎石門, 삼신동三神洞의 세이암洗耳嵒, 그리
고 함양의 용유담龍游潭이 압도적이다.

　'일월대'는 지리산 유람록에서 단연 많이 등장하는 각자 중
하나이다. 산행의 최종 목적지가 천왕봉이었기 때문에 그곳에
오른 후의 벅찬 감동을 어떤 형태로든 남기고자 하는 욕구와 어

우러져 더욱 많은 이름을 남겼다. 함양군수 남주헌은 동행했던 경상감사 윤광안·진주목사 이낙수·산청군수 정유순의 이름을 새겼고, 죽담竹潭 김영조金永祖(1842-1917)는 "관찰사·암행어사·수령의 이름이 빼곡히 새겨져 있었다"라고 하였으며, 후창後滄 김택술金澤述(1884-1954)은 "앞뒤로 유람 온 사람들이 써 놓은 이름이 많았는데, 아버지와 아들을 함께 써 놓거나, 4대를 나란히 써서 세보世譜와 같은 것도 있었다"라고 하였다. 후대에 이를 수록 천왕봉에 오르면 반드시 해야 하는 하나의 의식으로 인식했던 듯하다. 이 때문인지 지금도 일월대 각자 주변에는 이름이 많으며, 심지어 한글 이름 자도 여럿 보인다.

용유담 가의 바위에도 수많은 사람의 이름이 새겨져 있다. 그중에는 김종직·김일손·정여창과 남명 조식 등의 이름이 현재까지도 남아 있다. 이들이 용유담을 다녀간 것을 기념하여 후세 사람들이 새긴 듯한데, 호사가好事家의 입에 많이 오르내리기도 하였다. 그 외에도 '용유담·용유동천龍游洞天'이라는 제명題名은 물론이고 '독조대獨釣臺·심진대尋眞臺·영귀대咏歸臺·방장제일강산方丈第一江山' 등의 각자 아래에 수십 명의 이름이 현전하고 있다.

'귀를 씻는다'는 뜻의 '세이암'은 남명이 지리산 골짜기에서 가장 아름답다고 칭송했던 신응동神凝洞의 너럭바위에 새겨진 각자이다. 이는 최치원崔致遠이 세상사를 들은 귀를 씻었다는 전설과 함께 그의 글씨로 전해진다. '세이'는 중국 신화 속 성군聖君인 요堯 임금 때의 유명한 이야기가 전한다. 요 임금이 당시 민심을 얻고 있던 허유許由에게 천하를 양위讓位하려 하자, 허유는 자신의 고결성을 더럽혔다고 여겨 영수潁水로 가서 그 말을 들은 귀를 씻었다. 그때 소에게 물을 먹이러 왔던 소부巢父가 친구 허유의 말을 듣고는, 허유가 귀를 씻은 영수의 물은 이미 더럽혀졌다고 여겨 더 상류로 올라가 소에게 물을 먹였다고 한다. 이로써 허유와 소부는 세상사의 물욕을 벗어나 초야에 은거한 고결한 선비의 표상이 되었고, '세이'는 그러한 은자의 고결성을 대표하는 상징어가 되었다.

세이암은 유몽인의 「유두류산록」에서 처음 보인다. 이후 이 골짜기를 찾은 유람자들은 세이암을 보고 자신의 감회를 드러내었다. 남계南溪 신명구申命耉(1666-1742)는 '역시 최고운崔孤雲(최치원)의 필적이었다. 그 필세가 이제 막 새긴 듯했고, 지금도 이끼가 끼지 않는다고 하니, 매우 특이한 일이다'라고 하여 세이암에 얽힌 전설을 전하였다. 박래오는 "세이암 위 옛 각자는 완연히 어제 판 듯하여 선풍仙風이 없어지지 않았고 도기道氣가 서려 있었다"라고 하여, 신명구와 비슷한 평을 하였다. 심석재心石齋 송병순宋秉珣(1839-1912)은 세이암에서 귀를 씻고 일행에게 이르기를 "이 바위가 어찌 유독 최고운만 귀를 씻던 곳이겠는가" 라고 하여, 유쾌한 농담을 던지고 있다.

지리산 유람록에 등장하는 가장 오래된 각자는 단연 하동 쌍계사 입구의 '쌍계雙磎·석문石門'이다. '쌍계·석문'은 하동 쌍계사로 들어가는 입구 양쪽에서 대문 역할을 하던 두 바위의 글씨이다. 양쪽에 각각 '쌍계'와 '석문' 두 글자씩 새겨져 있다. 지금은 계곡과 멀찍이 떨어진 오른쪽에 도로를 내고 대형 주차장과 상가들이 즐비하여, 유람객이 내개 그쪽 길로 올라간다. 그래서 이 석문을 모르고 지나치기 일쑤이고, 심지어는 그 존재조차 모르고 이 일대를 다녀가기도 한다.

그렇지만 이전에는 이곳이 쌍계사로 들어가는 진입로였다. 쌍계사 위쪽 청학동에 은거했던 최치원의 글씨라 전해지며, 현재까지도 그 자리를 지키고 있다. 언제 누가 새겼는지는 자세히 전해지지 않으나, 고려 말기의 문인 이인로李仁老(1152-1220)가 이곳을 찾았다가 돌아가면서 지은 「청학동青鶴洞」 한시에서 '이끼 낀 바위에 네 글자가 희미하였네(苔蘚微茫四字題)'라고 읊은 것을 보면, 조선시대 이전부터 있었음을 알 수 있다.

이 청학동 골짜기에는 매우 독특한 각자도 현전하고 있어 소개해 본다. 바로 1558년 4월 19일 이 골짜기를 오르던 남명이 보았던 '이언경李彦憬·홍연洪淵'이라는 이름이다. 그는 산길 가의

그림 21 지리산 청학동 원숭이바위

그림 22 이언경 및 홍연 각자

큰 바위에 새겨진 두 이름을 보고 다음과 같이 말하였다.

아마도 썩지 않는 돌에 이름을 새겨 억만년 동안 전하
려 한 것이리라. 대장부의 이름은 마치 푸른 하늘의 밝
은 해와 같아서, 사관史官이 책에 기록해 두고 넓은 땅
위에 사는 사람들의 입에 오르내려야 한다. 그런데 사
람들은 구차하게도 원숭이나 너구리가 사는 숲속 덤불
의 돌에 이름을 새겨 영원히 썩지 않기를 바란다. 이는
나는 새의 그림자만도 못해 까마득히 잊힐 것이니, 후
세 사람들이 날아가 버린 새가 과연 무슨 새인 줄 어찌
알겠는가? 두예杜預의 이름이 전하는 것은 비석을 물속
에 가라앉혀 두었기 때문이 아니라 오직 하나의 업적
이 있었기 때문이다.

―「유두류록」 중

중국 진晉나라 두예杜預(222-285)는 자신의 이름을 후대에 전
하기 위해 자신의 공적을 새긴 비석 두 개를 만들었다. 하나는
현산峴山 꼭대기에 세우고, 다른 하나는 만산萬山 기슭의 못 속에
가라앉혀 두었다. 그러나 그는 정작 『춘추좌씨전春秋左氏傳』의 주
석서註釋書인 『좌씨경전집해左氏經傳集解』를 지은 업적으로 후대

에 이름을 남기게 되었다. 남명은 허명虛名을 전하려 애쓰는 사람들의 속성을 꼬집었다. 그의 말처럼 후세 사람들이 날아가 버린 그 새가 무슨 새였는지 어찌 알겠는가.

산행의 피로를 잊게 하는 것들

조선시대 지리산을 올랐던 대개의 선현은 요즘과 달리 평소 정기적인 운동을 하거나, 산행을 위해 체력을 비축한 것도 아니었다. 그저 천왕봉에 오르고자 하는 강한 염원과 의지만으로 방안에서 글을 읽던 선비가 길을 나선 것이었다.

지금이야 유람자의 의지만 있으면 언제 어디서든 산행할 수 있다. 지리산과 1천 리나 떨어진 곳에서 출발해도 이틀이나 사흘이면 지리산 종주를 거뜬히 마칠 수 있다. 서울의 직장인이 금요일 퇴근 후 출발하여 주말과 휴일 동안 지리산 종주를 마치고 월요일 아침에 정상 출근이 가능한 시대를 살고 있다. 그만큼 산행이 일반화되었고, 안내자 등 산행에 필요한 주변 여건 등을 갖추기가 수월해졌다.

그러나 과거 선현의 산행은 어려움이 많았다. 변변한 지침서도 없었을뿐더러 유람을 이끌 안내자를 구하기도 쉽지 않았고, 그 경비 또한 녹록지 않았다. 산행하는 동안 필요한 것들을 모두 준비해서 돌아올 때까지 가지고 다녔으니, 준비할 것이 얼마나 많았겠는가. 그 와중에도 산행에 초짜인 유람자의 피로를 잊게 하는 몇 가지를 소개해 본다.

> 옛사람 중에 두류산을 유람한 이는 많다. 그중에서 특히 점필재·탁영·남명 세 선생의 유람이 가장 두드러진다. 이는 그들의 풍치와 드높은 정신이 이 산과 더불어 그 우뚝함을 다투며, 이들은 유람한 뒤 유람록을 남기고, 그 유람록에서 풍광을 묘사한 것이 그 자태를 상세히 나타냈고, 감흥을 표현한 것이 그 정감에 적합했기 때문이 아니겠는가? 변변치 못한 내가 이 세 선생의 유람에 대해 그 뒤를 이어 유람하기를 감히 바랄 수는 없지만, 한 번 유람해 보고 싶은 소원은 잠시도 마음속에서 잊어 본 적이 없었다.

조선시대 산행을 나서는 유람자가 출발에 앞서 필독하거나 지참했던 것이라면 앞 시대 선현의 유산기遊山記 정도였다. 특히 애독했던 작품으로는 김종직·김일손·조식의 유산기였다. 인용문은 경북 칠곡에 살았던 명암冥菴 이주대李柱大(1689-1755)가 지리산을 유람하고 남긴 「유두류산록遊頭流山錄」의 일부로, 그는 이들 세 작품이 현전하는 1백여 편의 지리산 유산기 중 진수眞髓라고 하였다.

물론 위 세 사람은 산행 코스가 각각 다르다. 김종직은 함양 중심의 지리산 북쪽 권역만 유람하였고, 김일손은 함양을 출발해 산청·단성을 거쳐 하동 청학동까지 아우르는, 곧 지리산 권역 북쪽·동쪽·남쪽을 모두 둘러보았다. 두 사람이 천왕봉을 올랐던 반면, 조식은 지리산 청학동 유람인지라 남쪽 권역인 하동 일대만 다녀왔다. 후대의 유람자들은 산행 전에 이들의 유산기를 미리 읽었고, 그들의 유산기에 나타난 유적지를 지날 때면 그 기록을 회상하며 공감대를 형성하였다.

예컨대 이주대는 청학동 불일암佛日庵에서 빼어난 절경을 칭송하다가도 "붓끝으로 묘사해 낼 수 있는 건 두 선생의 유람록에 다 표현해 놓았으니, 나는 군더더기 말을 덧붙이지 않겠다"라 하였고, 불일폭포 주위가 청학동이라는 말에 대해서도 "점필재와 탁영 두 선생은 그러하다는 견해와 그렇지 않다는 견해 사이를 견지하였고, 남명 선생은 이곳이 청학동이라는 말을 그대로 믿고 의심하지 않았다"라고 한 후, 자신은 어느 것이 맞는지 모르겠다고 기록하였다.

함양군수 남주헌(1769-1821)은 1807년 3월 24일 청학동을 거쳐 천왕봉을 유람하였는데, "관찰사가 김종직·김일손·남효온 등의 지리산 유람록을 가져왔기에 때때로 빌려 읽어 유람 도중 사찰과 봉우리의 이름을 미리 알 수 있었다"라고 하였고, 하익범(1767-1815) 또한 천왕봉에서의 일출을 보고서 "눈으로 볼 수 있는 곳의 산과 내와 고을 이름은 이미 탁영 선생의 유산기에 다 수록되어 있으니, 내가 무엇을 더 서술하겠는가?"라고 한 후 곧장 하산 길에 올랐다.

유몽인(1559—1623)은 일두—蠹 정여창鄭汝昌(1450-1504)의 공간 악양정岳陽亭에서 김일손의 「두류기행록頭流紀行錄」에 소개된 두 사람 간의 일화를 소개한 후 "말은 마음의 소리이다. 마음은 본래 텅 비고 밝으니, 말이 발하여 징험이 있게 된다. 그 뒤에 일두는 옥에 갇혔다가 죽었고, 탁영도 요절하였다. 그들의 천수天壽는 모두 조물주의 입장에선 애석히 여길 만하니, 어찌 말의 예언에 징험이 있는 것이 아니랴"라고 하여, 그들의 삶과 운명을 안타까워하였다.

이렇듯 후인들은 지리산 곳곳의 명승에 닿으면 선현의 기록을 떠올리며 그들과 공감대를 형성하고, 나아가 자신의 유람을 선현의 수준으로 끌어올리려 하였다. 아름다운 자연경관을 보는 것에서 그치지 않고 그 속에서 살았던 사람을 보고, 그들의 삶을 들여다봄으로써 그 시대를 이해하고, 나아가 이를 통해 지

그림 23 김홍도, 〈관리의 먼 여정(官人遠行)〉, 국립중앙박물관

금의 시대를 이해하려 했다. 선현들의 선택과 행위를 통해 지금 시대가 추구해야 할 목표와 행해야 할 행의行誼를 생각하였다. 이러한 인문적 산수 유람은 산행에 지친 유람자의 정신적 피로를 풀어 주는 중요한 매개였다.

'가마'도 빼놓을 수 없다. 유산기에서는 이를 남여籃輿, 또는 어깨에 메는 가마라 하여 견여肩輿라고도 불렀다. 조선시대 산행에서 사용된 주요 운송 수단은 이 가마와 말(馬)이었다. 현전하는 산행 관련 옛 그림에 어김없이 그리고 가장 많이 등장하며, 장거리 유람일수록 더욱 필수 요소였다. 대개는 말을 탔고, 형편이 여의찮으면 가마를 탔다. 이마저 어려운 산비탈 등에서는 내려서 걷기도 하였다.

지금의 시선으로 보자면 산에서 가마를 타는 것이 의아스럽고 어처구니가 없는 일인 듯싶겠지만, 조선조 유람자들은 산에서 걷는 것보다 말을 타거나 가마에 앉아 있는 시간이 더 많았다. 가마꾼은 출발 때 데려온 집안의 노비나 고용인도 있었지만, 대개는 산행로에 있는 사찰의 젊은 학승學僧을 활용하였다.

하동 쌍계사나 신응사 등 지리산 권역의 큰 사찰에는, 많게는 수백 명의 젊은 승려가 정진하고 있었다. 1618년 4월 청학동을 찾아왔던 현곡玄谷 조위한趙緯韓(1567-1649)에 의하면, 신응사에 도착한 그들 일행을 승려 각성覺性(1575-1660)이 마중했는데,

제자가 2백 명이었다고 한다. 호는 벽암碧巖이고, 각성은 법명法名이다. 그는 부휴浮休 선수善修(1543-1615)에게 수학하여 조선의 불법佛法을 7개 파派로 나누어 크게 전파했으며, 임진왜란과 병자호란 때 승군僧軍을 이끌었던 선승禪僧이 아니던가. 이들은 평상시 불법을 공부하며 정진하다가 유람 온 관료 등의 가마꾼이나 안내자 역할을 하였다. 주로 젊은 승려는 가마꾼으로, 노승은 안내자로 함께하였다.

1643년 8월 용유담을 거쳐 제석당帝釋堂 방면으로 천왕봉에 오른 구당久堂 박장원朴長遠(1612-1671)은 가마를 메는 승려가 70여 명이라 하였다. 관찰사와 세 명의 수령이 함께 유람한 남주헌 일행은 배 두 척을 묶어서 만든 화려한 누선樓船을 섬진강에 띄우고 쌍계사로 들어갔는데, '데려간 하인과 깃발 잡는 사람, 생황 켜는 사람, 통소 부는 사람, 그리고 각 고을의 요리사 등이 거의 3-4백 명이나 되었다'라고 하였으니, 그중 가마꾼도 수십여 명은 되었으리라 짐작할 수 있다.

유람을 시작하기 전에 미리 사찰의 승려에게 가마를 준비케 하거나 유숙을 청하기도 했다. 성여신(1546-1632) 일행은 집을 떠난 지 9일 만에 청학동 불일암을 오르는데, 유숙한 쌍계사 승려에게 가마 4대를 준비하게 했다. 그런데 타고 가려는 이가 여섯 명이었다. 당시 71세였던 본인은 늙었다는 이유로 한 대를

그림 24 정선, 〈단발령에서 바라본 금강산〉,
국립중앙박물관

그림 25 정선, 〈백천교〉, 국립중앙박물관

먼저 차지했고, 동행했던 정대순鄭大淳과 이중훈李重訓이 병들고 살쪘다는 이유로 또 두 대에 먼저 탔다. 나머지 한 대를 놓고 치열한 눈치작전이 펼쳐졌다. 능허凌虛 박민朴敏(1566-1630)은 매촌梅村 문홍운文弘運(1577-1640)보다 나이가 많고, 문홍운은 박민보다 걸음이 둔하다고 주장하며 서로 타려고 하였다. 결국, 성여신이 중재하여 두 사람이 번갈아 타되 한 사람이 20여 보를 가서 내려 쉬면 다른 사람이 타고 오게 하였다.

가마를 타고 오르면 편할 듯도 하나, 마냥 좋은 것만도 아니다. 그 좁은 산길에서 타고 오는 가마가 편할 리 있었겠는가. 조위한도 불일암을 오르는 가파른 비탈길을 가마를 타고 올랐다. 그는 당시의 상황을 "가마를 짊어진 승려의 헐떡이는 숨소리는 쇠를 단련하는 듯 거칠고, 등에는 진땀이 흥건하였다. 다섯 걸음, 열 걸음마다 어깨를 바꾸고 위치를 옮겼다. 앞에서 당기고 뒤에서 밀며, 오른쪽으로 기울기도 하고 왼쪽으로 기우뚱거리기도 하였다. 가마를 타고 있는 괴로움도 가마를 멘 고통 못지않았다"라고 하였다.

송광연宋光淵(1638-1695)은 순창군수·순천부사와 함께 청학동 일대를 유람하고 천왕봉에 올랐는데, 이들 일행은 칠불사七佛寺에서 자고 이튿날 내당재(內堂峴)와 외당재(外堂峴)를 넘어갔다. 이곳은 가마를 멘 승려들이 열 걸음도 못 갈 만큼 높고 험악

하였으나, 송광연 또한 가마를 타지 않으면 한 발자국도 갈 수 없다고 토로했다. 아무래도 살이 찌고 체구가 커서 그랬던 듯하다. 게다가 몸이 가벼운 순창군수와 순천부사의 가마는 멀찌 감치 앞서 올라갔는데 자신의 수레만 뒤처져 있어, 가마에 몸을 맡긴 자신이 더 구차스럽다고도 하였다.

청학동 불일암은 쌍계사에서 2.5㎞ 거리인데, 지금은 등산로가 잘 닦여 있어 1시간 30분이면 왕복할 수 있다. 그러나 조선시대에는 꽤 험난한 코스로 유명하였다. 이 길은 공중에 매달리다시피 하여 신선 세계를 찾아가는 듯 깊숙하고 가파르고 험악하다고, 일관되게 표현하고 있다. 가마를 타고 이런 길을 올랐다. 1618년 윤4월 15일 전라도 장성長城에서 출발하여 청학동 일대를 유람했던 제호霽湖 양경우梁慶遇(1568-1629)의 기록도 사실적이어서 재미있다.

쌍계사에서 출발할 때 승려들이 가마를 가지고 뒤따르자, 양경우는 짐짓 젊었을 적 체력이 좋았다고 자부하며 두고 가자고 하였다. 그러나 얼마 못 가서 승려에게 등 뒤에서 밀라고도 하고, 바위에 주저앉아 쉬기도 하였다. 결국, 가마를 타고 오르는데, 오를수록 승려들은 지쳐 갔다. 양경우는 그들이 소처럼 숨을 몰아쉬며 구슬 같은 땀을 줄줄 흘렸다고 하였다. 한 노승老僧이 뒤따르며 지친 승려들에게 채근하기를 "길이 얼마 남지 않았으니, 게을리 말아라. 작년에 하동 수령은 몸집이 비대해서 산처럼 무거웠는데도 너희들이 감당해 냈다. 그런데 이번 산행을 어찌 고생스럽다고 하겠느냐'라고 하였다. 그러자 가마를 멘 승려가 "하필이면 하동 수령을 들먹이십니까. 얼마 전 토포사 영감이 왔을 때도 어지간히 복이 없었습니다"라고 하였다. 가마를 타고 있던 양경우는 이 말을 듣고 자신도 모르게 입을 가리고 몰래 키득키득 웃었다고 한다.

가마는 산행에서 고단해진 유람자의 피로를 풀어 주는 도구임이 분명하다. 하지만, 계급과 서열이 존재하던 신분 사회였음에도, 지금의 시선으로 보자면 눈살을 찌푸리게 하는 것이 사실이다. 가마에 탄 그들 또한 마음이 편치 않았다는 고백을 그나마 위안으로 삼아 본다. 그들인들 오죽했으랴 싶다.

유교와 불교의 사이

조선시대 지리산 유람자는 당대의 지식인 유자儒者이다. 이들은 국가와 백성을 다스리는 치자治者이거나 치자가 될 부류이다. 따라서 인간의 삶과 가장 밀접하게 닿아 있는 지리산에 올라 그 언저리에서 살아가는 민간의 삶을 예사로 보지 않았고,

그림 26 지리산 대원사

4. 지리산과 사람, 그리고 산행문화   117

나아가 남악南嶽으로서의 지리산을 통해 조선의 건승을 희망하였다. 치자로서 당연한 의식이었다.

그런데 이와는 성향이 전혀 다른 유산기 한 편이 있으니, 바로 승려 응윤應允(1743-1804)의 「두류산회화기頭流山會話記」이다. 현전하는 지리산 유람록 중 유일唯一의 승려 작품이다. 지리산과 승려 응윤, 그리고 그의 유람록은 깊은 인연 속 낯선 만남이었다.

응윤의 법호는 경암鏡巖이다. 15세에 출가하여 한암寒巖에게 구족계를 받았으며, 추파秋波 문하에 귀의하여 임제臨濟, 석애石崖, 태고太古, 벽송碧松, 회당晦堂, 한암으로 이어지는 법통을 계승하고, 대종사大宗師로 추대를 받았다. 만년에는 두류산 정상에 움막을 짓고 제자 두어 명과 함께 매일 네 번씩 정진하면서 세상에 나오지 않았다고 한다.

그는 누가 뭐라고 해도 지리산을 대표하는 승려이다. 게다가 문학적 자질도 뛰어나, 그의 문집인 『경암집』에는 60여 수의 한시가 실려 있으며, 「두류산회화기」 외에도 지리산 관련 기문記文이 10여 편이나 실려 있다. 그가 8년이나 기거했던 산청 대원사大源寺를 비롯해 함양의 금대암金臺庵·무주암無住庵·벽송사碧松寺·영원암靈源庵, 하동의 칠불사·불일암, 구례 화엄사華嚴寺 등 지리산 권역을 대표하는 사암寺庵의 기문을 썼다고 할 수 있다.

『경암집』은 그의 사후 제자 팔관八關이 벽송사에서 목판본으로 간행하였다.

「두류산회화기」는, 1803년 3월 표충사表忠寺에 있던 응윤이 천왕봉을 오르기 위해 찾아온 옥천군수, 그를 맞이하러 나온 함양군수를 실상사實相寺에서 만나 수창唱酬한 한시를 중심으로 기록하였다. 유산기는 산문散文 중심의 기록이지만 유람시를 다수 포함하는데, 이 작품은 승려와 유자儒者의 조합에 주고받은 한시가 20여 수나 실려 있다.

옥천군수는 응윤과 첫 만남이었으나, 응윤에 대한 소문을 익히 듣고 있었던 모양이다. 그는 만나자마자 담박하면서도 기름기가 싹 빠져나가 푸석한 듯한 응윤의 삶을 두고 한시를 읊었다.

여위고 마른 모습 목석처럼 무덤덤한데
이 산에 머문 지 몇 년이나 되었는가?
흰구름과 오래 살며 한 가지 일도 없고
한 잔의 솔잎차와 상위의 책 한 권뿐.
癯骨枯形木石如 (구골고형목석여)
此山居住幾年餘 (차산거주기년여)
長伴白雲無一事 (장반백운무일사)

一盃松水一床書 (일배송수일상서)

— 옥천군수

마음의 기미 고요하여 불 꺼진 재 같고
매일같이 염불하니 무슨 잡념 있으랴.
선가에는 본래 하나의 물상도 없으니
오히려 우습구나 상 위에 쌓인 책들.

心機寂寞死灰如 (심기적막사회여)

佛戒吟哦況復餘 (불계음아황부여)

禪道本來無一物 (선도본래무일물)

笑他猶有滿床書 (소타유유만상서)

— 응윤

위는 옥천군수의 작품이고, 그 아래 것은 이에 대한 응윤의
답시이다. 승려와 유자의 수창인데도 거의 동급의 수준과 격식
을 보여 주고 있다. 이후 함양군수가 합류하여 셋의 수창이 시
작되는데, 작품 수에서도 대등하다. 유자이고 관료라고 하여 두
군수의 작품이 많은 것도 아니다.

이 외에도 이 작품은 모든 면에서 매우 독특하다. 먼저 도착
한 옥천군수가 함양군수와 실상사에서 유숙하기로 했다며 응

윤에게 함께 갈 수 있겠냐고 묻는 것, 실상사에서 만난 세 사람을 두고서 유자와 승려가 섞여서 일가一家를 이루면 세 가지 기이함을 다 갖추게 될 것이라는 응윤의 농담에 두 군수가 호탕한 웃음으로 대하는 것, 이에 응윤이 다시 '소笑'자를 운韻으로 한 시를 지어 올리겠다고 하니 '우리는 그냥 웃은 것일 뿐, 선가의 종지宗旨와는 무관하다'고 굳이 해명까지 하는 두 군수의 태도 등을 들 수 있다. 유자와 승려의 만남이라는 생각이 도무지 들지 않을 정도로 세 사람의 대등한 모습에 놀라움을 금할 수 없다. 그들의 수창시는 저자를 빼고 제시하면 구분이 안 될 정도이다.

> 산에 온 지 삼일간 온 산을 다녔는데
> 천왕봉 꼭대기엔 올라 보지도 못했다네.
> 조생·유생 없음이 못내 한스러우니
> 만 겹 구름 바라보며 한바탕 웃고 돌아가네.
> 入山三日踏千山 (입산삼일답천산)
> 未進天王百尺竿 (미진천왕백척간)
> 恨無二客曹兪輩 (한무이객조유배)
> 萬疊雲烟一笑還 (만첩운연일소환)
>
> ― 옥천군수

요즘 세상 누가 능히 산에 함께 오를까?
부질없이 산속의 해 세 발이나 높이 떴네.
전별할 때 점필재의 유람록을 본 그대
점필재를 자처한 이 오늘 혼자 돌아가리.

今世誰堪伴入山 (금세수감반입산)

空敎山日上三竿 (공교산일상삼간)

樽前獨閱金公記 (준전독열김공기)

此日金公悵獨還 (차일김공창독환)

— 함양군수

신선 유람 굽이굽이 구름 같은 산 풍경
제일 높은 천왕봉은 장대 하나 높이로세.
오르려고 한다면 그 누군들 못하리?
정상에 오르기 전 돌아간단 말 마세요.

仙遊曲曲畵圖山 (선유곡곡화도산)

第一高峯隔一竿 (제일고봉격일간)

但可登登誰不到 (단가등등수부도)

未登其頂未言還 (미등기정미언환)

— 응윤

다음 날 날씨가 흐려 산행을 포기하고 돌아가려는 옥천군수와 이를 만류하는 함양군수·응윤의 뜻을 드러낸 수창시이다. 옥천군수의 한시 3구에서 일컫는 조생과 유생은 조위曺偉(1454-1503)와 유호인兪好仁(1445-1494)을 가리킨다. 함양 출신인 두 사람은 김종직(1431-1492)의 문하생으로, 스승의 함양군수 시절 지리산 유람에 동행하였다. 옥천군수가 김종직을 자처해서 돌아가려 하자, 함양군수는 조위와 유호인만 못하다고 희롱하고 있다.

이후 날씨가 좋아져서 천왕봉으로 떠나는 그들을 배웅하는 응윤의 말은 우리를 더욱 놀라게 한다. 예컨대 응윤이 "산길이 위험합니다. 엎드려 바라건대 진중하십시오. 높은 곳에 임해서는 온화한 마음을 가지시고, 넓은 곳에 임해서는 미묘한 것을 살피십시오. 이미 높은 곳에 오른 공이 있으니, 이제는 실천하십시오. 공자께서 태산泰山에 올라 천하를 구경한 것을 돌이켜 생각해 보면, 그것이 어찌 산에 오른 것뿐이었겠습니까"라며 작별하니, 두 군수가 '참으로 좋은 벗이 되었다'라는 말을 남기고 떠나갔다.

두 군수가 누구였는지는 정확하지 않으나, 이 작품은 승려의 붓을 통해 두 군수의 사의식士意識을 돋보이게 하고 있다. 두 군수는 응윤을 깍듯이 존중하였고, 응윤 또한 비굴하지 않았다. 오히려 두 군수와 작별한 후 실상사의 한 미친 승려가 응윤에게 돌을 던지며 "선종禪宗의 우두머리가 본분의 계율은 지키지 못하고 수령의 행차나 따라다니니, 어찌 공양을 하겠는가?"라며 수모를 주었다. 유교와 불교의 서열이 엄격하던 조선시대에 이것이 어떻게 가능했던 것일까.

응윤이 활동하던 18세기 후반은 조선의 문화 중흥에 크게 기여한 정조 연간正祖年間이다. 이 시기는 무엇보다 선초鮮初부터

그림 27 실상사에서 본 지리산 능선

시행되어 오던 억불책抑佛策이 유지되고는 있었으나, 영조英祖 때부터 승려도 백성의 일원으로 인정하여 구휼救恤의 대상에 포함하고, 왕실의 안녕과 호국적 활동이 두드러진 사찰을 지원하는 등 불교에 호의적이었다. 이러한 영·정조의 호불책護佛策과 임란 이후 유자들의 불교에 대한 인식 전환, 승려의 자활과 존립의 도모 등이 어우러져 조선 전기에 비해 불교가 상대적으로 활성화되었다. 후대로 내려오면서 이러한 분위기가 더욱 강조되어, 승려는 유자와의 교유를 중시하고 불가의 교법을 내세우지 않으며, 상대의 가치를 인정하거나 유불儒佛이 다르지 않음을 강조하는 경향이 나타나기 시작했다. 실제로 16-17세기 진주 지역에는 유교적 기반으로 이해되는 서원書院이나 서당書堂보다 사찰 수가 훨씬 많았다는 연구 성과가 보고되기도 하였다.

그의 문집은 19세기 유교적 성향이 짙어진 불교의 모습을 선명하게 보여 준다. 예컨대 『경암집』의 「오효자전吳孝子傳」·「박열부전朴烈婦傳」을 통해 유교 사회의 불합리한 폐쇄성을 비판하고 있다. 「박열부전」은 연암燕巖 박지원朴趾源(1737-1805)의 「열녀함양박씨전烈女咸陽朴氏傳」과 동일 인물을 다루고 있어, 유가와 불가의 시선 차이에 주목해 볼 만하다.

또한, 「논한자설論韓子說」은 조선조 유자들이 추앙하는 당나라 문장가 한유韓愈를 비판하였고, 심지어 맹자孟子까지 비판하는 논지이다. 조선 후기 불교에 대한 인식이 완화되었다 하더라도 과연 이런 의식이 가능했을까도 싶다. 응윤은 특히 유교 문헌을 두루 섭렵하고 유자들과 폭넓게 교류하며 존숭을 받았는데, 그 과정에서 형성된 자신감이 드러난 것인가도 생각된다.

지리산의 오래된 미래

땅으로 내려온, 지리산 성모

역사는 멈추지 않는다. 문화와 문명 또한 멈추지 않는다. 어느 공간이든 시점이든 간에 발전과 쇠퇴와는 별개로 끊임없이 변화한다. 지리산권 문명도 마찬가지이다. 조선조 수많은 유람자의 기록에 존재하는 지리산권의 문화와 문명은 지금 이 순간에도 계속 변하고 있다. 아주 오래된 과거임이 분명한데, 그 속에서 미래의 새로운 가치를 찾아가는 것이다. 어느 산보다 인간의 삶과 밀접히 닿아 있는 지리산 권역에는 열거하기조차 버거울 정도로 역사 속 많은 인물과 그들 삶의 흔적이 현전하고 있다. 바로 낡은 과거가 열어 주는 새로운 미래이다. 지리산 천왕

그림 28 그림 29 지리산 천왕사

그림 30 | 그림 31 | 천왕사의 지리산 성모

봉 성모聖母도 그중 하나이다.

앞서 언급하였듯, 지리산 성모는 천왕봉 꼭대기의 성모사聖母祠 안에 있었다. 천왕봉에 오른 유람자에게는 밤을 지새우는 숙소가 되었고, 혹세무민惑世誣民하는 무속巫俗의 폐단을 비판하는 대상이 되기도 하였다. 첫 번째 지리산 유람 기록을 남긴 이륙李陸(1438-1498)에게서부터 그 흔적이 거론되고 있으니, 성모는 그보다 훨씬 이전부터 지리산 천왕봉에 있었음을 알 수 있다. 그러다 보니 온갖 수모와 우여곡절도 많았다.

성모는 백성들 사이에서 산천에 복을 빌고 제사를 지내는 대상으로 유명했다. 날마다 수많은 백성이 제물을 챙겨 그 높은 천왕봉으로 올라갔다. 심지어 지리산을 지나는 사람이 성모에게 기도하지 않으면 타고 가던 말과 사람이 함께 재난을 당해 죽는다는 속설까지 떠돌았다.

그러던 1558년 4월 어느 날 세상을 떠들썩하게 한 사건이 터졌다. 성모에 대한 이런 괴이한 소문을 믿지 않던 승려 천연天然이 이곳을 지나갔는데, 우연히도 그가 타고 가던 말이 넘어져 죽게 되었다. 성모를 믿지 않아 화근이 되었다고들 하였다. 화가 치밀어 오른 천연은 그 길로 성모사를 찾아가 성모상을 꺼내 벼랑 밑으로 던져 버렸다.

철저한 유교 국가였던 조선 조정은 그동안 성모사에서 행해지던 무속 행위를 막기 위해 별의별 방법을 다 동원했지만 크게 효과가 없었다. 그런데 뜻하지 않게 한 승려가 골칫거리를 말끔히 해결해 준 셈이었다. 더구나 그는 본디 사대부가 출신으로 고봉高峯 기대승奇大升(1527-1572)에게서 『주역周易』을 배웠다. 출가 후에도 유자들과의 친교가 활발했던 인물이다. 따라서 이런저런 이유로 이 사건을 두고 기대승을 비롯해 율곡栗谷 이이李珥(1536-1584) 등 당시 유자들이 천연을 대대적으로 칭송하였다. 그는 이 일로 인해 유명 인사가 되었지만, 성모의 처지로서는 돌이킬 수 없는 수난사였다.

성모상의 수난에도 불구하고 민간에서의 성모 숭배는 여전히 수그러들지 않았다. 그 일이 있고 얼마 지나지 않아 천왕봉에는 또다시 성모상이 안치되었을 뿐만 아니라, 이후에도 성모사에는 사람들로 넘쳐 났고, 심지어 농번기에도 치성드리는 데만 정신이 팔려 제때 농사를 짓지 못할 정도였다고 한다. 사실 조선시대 내내 성모의 실체를 두고서 논쟁이 끊이지 않았다. 지리산 골짜기 중 백무동 쪽이 특히 무속의 소굴이었고, 그래서 천왕봉 성모가 아니라 백무동 골짜기에 있던 성모사라는 주장이 제기되기도 하였다.

그러나 이러한 논란에도 불구하고 성모에 대한 민간의 추숭은 근세까지도 지속되었다. 1902년 2월 송병순宋秉珣(1839-1912)

은「유방장록遊方丈錄」에서 '당시 사당이 모두 훼손되어 선현들이 했던 것처럼 날씨가 개기를 빌어 볼 데가 없다'고 안타까워하였다. 1937년 8월 천왕봉에 오른 김학수金學洙(1891-1974)는「유방장산기행遊方丈山記行」에서 성모사를 산령사山靈祠로 표기하였고, 1940년 4월 이병호李炳浩(1870-1943)의「유천왕봉연방축遊天王峰聯芳軸」에도 성모가 보인다. 이병호는 성모사에 성모상이 있지만 석상의 양쪽 귀가 떨어지고, 코와 눈이 모두 함몰되어 있다고 하였다. 적어도 이 시기까지는 성모사와 성모상이 천왕봉에 있었으나, 제 모습을 온전히 갖추지 못한 채 천왕봉 언저리에 방치되어 있었던 듯하다.

그렇게 백성들에게 넘쳐 나는 사랑을 받던 성모도 20세기 서구 문명이 들어오면서 외면받기 시작했다. 일제강점기 때 일본군이 성모사를 부수고 성모상을 절벽 아래로 굴려 버렸는데, 다행히 산청에 살던 한 처녀가 발견하여 다시 천왕봉에 안치했다고 한다. 몇 차례의 수난을 더 겪었지만, 해방 이후까지도 여전히 제자리를 지켰다.

필자는 몇 년 전 지리산 권역 진주에서 지리산 관련 대중 강좌를 진행하였다. 지금까지 소개한 조선시대 선현의 지리산 유람 내용을 지역민과 소통하고 또 지리산을 홍보하는 자리였다. 강의를 끝내고 질의응답 시간이 되자, 한 청중이 손을 들었다.

자신은 젊어서 지리산 마니아였던지라 주말마다 천왕봉에 올랐는데, 1972년 여름까지 천왕봉 주변에 성모사가 있었다고 증언하였다. 그는 내 강의 자료의 천왕봉 주변 사진에서 성모사 터를 정확히 짚어 주었다.

그 이후 자료를 찾아보았더니, 아니나 다를까 1972년 모 종교단체의 교인들이 훼손하여 내다 버린 이후로는 흔적도 없이 사라졌다. 이후 이 성모상은 행방이 묘연했는데, 1987년 진주의 어느 한 시골 논밭에서 두 개로 쪼개진 상태로 발견되었다. 이를 다시 봉합하여 현 산청군 중산리의 천왕사天王寺에 안치하였다. 지리산 천왕봉에 있어야 할 성모가 문명에 의해 밀리고 밀려서 결국 땅으로 내려온 것이다.

천왕사에 안치된 성모는 옥석玉石으로 만든 성모 좌상인데, 높이 74㎝, 얼굴 높이 37㎝, 얼굴 너비 29㎝, 앉은 자리에서 목까지의 높이 38㎝, 어깨너비 46㎝, 몸 너비 43㎝의 크기이다. 성모상은 틀어 올린 머리를 하고 있으며, 얼굴은 통통하다. 상반신은 저고리를 입고 있는 듯하며, 가슴께로 손을 모아 마주 잡고 있는데 석상 전체가 청색을 띠고 있다.

천왕사에서는 그간 이 성모상을 노출하는 것에 매우 인색하였고, 그래서 이런저런 마찰이 야기되었던 것도 사실이다. 그리하여 사람들의 발길이 뜸하게 되었다. 결국 지금은 자유로이 성모를 만날 수 있게 되었지만 이미 떠난 관심을 다시 끌기는 쉽지 않을 듯싶다.

현재 지리산 중산리에는 성모상이 두 개이다. 천왕사 성모가 그 하나이고, 2000년에 지리산 권역 산청군 시천면矢川面 사람들이 조성한 성모상이 다른 하나이다. 둘은 천왕봉이 훤히 올려다보이는 중산리 계곡을 가운데에 두고 양쪽으로 배치되어 있다. 두 석상 모두 '지리산 성모'라 부른다. 천왕사 성모는 무속巫俗의 신도들이 세사를 올리고, 새로 조성된 성모는 시천 면민이 중심이 되어 제례를 지낸다.

그림 32 중산리 계곡

그림 33 중산리 성모상 원경

그림 34 중산리 성모상, 2000년 제작

성모가 새로이 조성된 지 벌써 20여 년이 흘렀다. 그동안 많은 이의 기도와 염원이 쌓였고, 다른 이의 기도를 방해하지만 않는다면 누구든 언제든지 기도를 올릴 수 있다. 이러한 질서와 예의는 이미 정착된 듯하다. 무엇보다 기도의 효험이 좋다는 입소문이 나면서 늘 많은 사람으로 성황을 이루고 있다. 천왕봉에 있어야 할 성모가 땅으로 내려와서 더욱 바빠진 형국이다. 새로운 문화가 역사를 이루어 가는 중이다.

섬진강의 눈물, 하동 악양정

하동 읍내를 지나 왼쪽으로 섬진강을 끼고 벚꽃 십 리 길을 달리다 보면 오른쪽에 넓디넓은 들판이 나타난다. 악양 들판이다. 멀리 보이는 고소산姑蘇山의 운치와 길게 드리운 섬진강 줄기가 어우러진 광활한 풍경이다. 악양 들판이 끝나는 지점에서 약 6km 남짓 자동차로 달리면 오른쪽 길가에 '악양정岳陽亭'이라는 입간판이 나타난다. 그 입간판을 따라 마을로 걸어 올라가면 네 칸의 단아한 정자가 나타나는데, 바로 악양정이다. 일두一蠹 정여창鄭汝昌(1450-1504)이 학문을 닦던 곳이다. 이곳은 행정구역상 하동군 화개면 덕은리德隱里로, 덕德을 지닌 현자賢者가 숨어

악양정

살던 곳임을 알려 준다.

　정여창은 본디 함양 개평마을 출신인데, 지리산과 섬진강의 풍광을 좋아하여 이곳에 터를 잡고 학문에 정진하였다. 악양정은 경상남도 하동군 화개면 덕은리 815번지에 위치한다. 그는 김종직의 문하에서 수학하였고, 무오사화戊午士禍(1498) 때 연루되어 함경도 종성鍾城에 유배되었다가 세상을 떠났다. 갑자사화甲子士禍(1504) 때 부관참시剖棺斬屍되었다.

　정여창은 20대부터 악양정을 드나들었으나, 본격적으로 그

곳에서 지낸 것은 39세인 1488년부터 대략 3년 정도이고, 41세
되던 1490년 동문인 김일손의 천거로 출사하였다가 돌아오지
못한 채 세상을 떠났다. 사화에 연루되었으니 그의 흔적이 남아
있을 리 만무하였다.

> 냇가의 버들잎은 바람결에 한들한들
> 사월의 화개 땅엔 보리 벌써 익었네.
> 두류산 천만 겹을 두루 다 보고 나서
> 조각배 타고서 큰 강 따라 내려가네.
> 風蒲泛泛弄輕柔 (풍포범범롱경유)
> 四月花開麥已秋 (사월화개맥이추)
> 看盡頭流千萬疊 (간진두류천만첩)
> 孤舟又下大江流 (고주우하대강류)

정여창의 『일두집一蠹集』 권1에 실려 있는 「악양岳陽」이다. 악
양과 관련한 정여창의 유일한 작품이다. 정여창은 1489년(성종
20) 4월 14일부터 28일까지 김일손과 함께 지리산을 유람하였
다. 두 사람은 15일간의 유산을 마치고 악양정으로 돌아오던
중 정여창이 김일손에게 "산과 물 모두 인자仁者와 지자智者가 좋
아하는 바이지만, 산은 공자孔子께서 '물이여, 물이여!'라고 탄식

한 것만 못합니다. 내일 날이 밝으면 그대와 함께 길을 떠나 악양성岳陽城으로 나가서 큰 호수에 이는 물결을 구경하고 싶습니다"라고 청하였고, 김일손이 이에 동조하여 섬진강에 배를 띄웠다. 이 시는 그때 정여창이 지었다. 그러자 김일손이 다음과 같이 차운하였다.

만이랑 너른 물결에 노 젓는 소리 부드러운데
소매 가득한 맑은 바람은 도리어 가을과 같네.
머리 돌려 다시 보아도 진면목이 아름다운데
한가한 구름은 자취 없이 두류산을 지나간다.

滄波萬頃櫓聲柔 (창파만경로성유)
滿袖淸風却似秋 (만수청풍각사추)
回首更看眞面好 (회수갱간진면호)
閒雲無跡過頭流 (한운무적과두류)

『탁영집濯纓集』 속상續上에 실려 있는 「백욱 정여창과 함께 두류산을 유람하고 돌아오는 길에 악양호에 배를 띄우고(與鄭伯勖 汝昌 同遊頭流 歸泛岳陽湖)」라는 작품이다. 백욱은 정여창의 자字이다. 두 작품은 지금도 악양정 주련柱聯으로 걸려 있다.

악양정은 정여창의 죽음과 함께 수백 년간 폐허로 남아 있어 구한말에 이르기까지 이곳을 찾는 문인들의 안타까움을 자아내었다. 두 작품은 후대에 악양정과 정여창을 매개로 쓴 수많은 차운시의 원운原韻이라는 점에서 그 의의가 크다.

사실 무오사화 이후 사람들의 기억에서 사라졌던 악양정을 세상에 다시 알린 것은 남명南冥 조식曺植(1501-1572)이었다. 1558년 4월 지리산 청학동을 찾아 배를 타고 섬진강을 따라 화개花開로 들어가던 남명은 덕은리에 이르자 배를 세우고 다음과 같이 언급하였다.

> 도탄에서 1리쯤 떨어진 곳에 정여창 선생이 살던 옛 집 터가 남아 있다. 선생은 바로 천령天嶺(함양) 출신의 유종儒宗이었다. 학문이 깊고 독실하여, 우리나라 도학道學에 실마리를 열어 준 분이다. 처자식을 이끌고 산속으로 들어갔다가, 뒤에 내한內翰을 거쳐 안음현감安陰縣監이 되었다. 후에 교동주喬桐主(연산군)에게 죽임을 당했다.
>
> — 조식, 「유두류록遊頭流錄」

물론 이때도 악양정은 이미 폐허가 되어 흔적도 남아 있지 않은, 그저 숲이 우거진 산골짜기에 불과하였다. 남명이 그곳에 대해 어떻게 알고 있었는지는 자세히 알 수 없다. 그러나 남명은 악양정을 조선 도학의 실마리를 열어 간 공간으로 인식하였다. 이후 지리산 청학동을 찾아가던 유람자들은 이곳에서 그 흔적을 찾으려 애썼다.

> 정선생은 바로 우리 유림의 종장이시니
> 만년에 시내 서쪽 고요한 곳에 살았네.
> 석양에 말 세우고 지난 일 상심하노니
> 구름도 물빛도 온통 처량하기만 하네.
>
> 鄭先生是儒林匠 (정선생시유림장)
> 晚卜幽貞溪水西 (만복유정계수서)
> 落日停驂傷往事 (낙일정참상왕사)
> 雲容水色共悽悽 (운용수색홍처처)
>
> —「방장산선유일기方丈山仙遊日記」 중

10리를 가서 일두 정여창 선생의 유허를 찾으니, 황량하게 잡풀이 우거져 있을 뿐이었다. 대현大賢이 깃들어 살며 덕을 쌓던 곳이 지금은 초동과 목동의 놀이터가 될 줄을 어찌 알았겠는가? 상심하여 하늘을 우러르고 땅을 굽어보면서 슬픈 감정을 억제할 수 없었다. 그러나 아름다운 덕이 세상에 전파되어 장차 천지와 더불

어 전해질 것이다. 오랫동안 이리저리 거닐며 차마 떠
나지 못하였다.

— 「두류산유행록頭流山遊行錄」 중

위의 한시는 성여신成汝信(1546-1632)이 지리산 유람 때 악양
정 유허에서 읊은 것이고, 그 아래는 이계夷溪 황도익黃道翼(1678-
1753)이 전라도 광양光陽에 유배된 제산霽山 김성탁金聖鐸(1684-
1747)을 만나러 갔다가 악양정 유허에서 탄식한 내용이다. 두 사
람 또한 '정여창은 조선의 도학을 열어 준 선구자이며 유림의
종장宗匠'이었기에, 아무것도 없는 숲속을 바라보면서 그의 불
우한 삶을 애달파하였다. 후학의 이러한 탄식은 이후에도 지속
되었다.

그의 죽음 이후 수백 년 동안 폐허로 남아 있던 악양정은
1899년 지역 유림과 후손에 의해 중건重建 논의가 일어났고, 마
침내 1901년 세 칸으로 중건하였다. 이어 1920년 네 칸으로 중
축하였고, 1994년에는 경상남도와 하동군의 지원으로 크게 보
수하였다. 정면 네 칸, 측면 두 칸 반 규모의 건물로, 팔작지붕
으로 되어 있다. 가운데 두 칸이 대청이며, 양쪽에 각각 한 칸의
방을 두었다.

넓은 물 웅장한 산 나약한 자 일으키니
선생의 풍도는 천년 뒤에도 생각나네.
유자들이 추모할 곳 새로이 지었으니
남쪽 지방 좋은 습속 예서 볼 수 있겠네.

水闊山雄激儒柔 (수활산웅격나유)

先生風韻想千秋 (선생풍운상천추)

衣冠新葺羹墻地 (의관신집갱장지)

可觀南州善俗流 (가도남주선속류)

한훤당과 일두 선생의 말씀은 전하는 게 없지만
어지러이 무성한 논의로 그때를 알 수 있겠네.
폐조의 일이란 온통 남의 흠을 찾는 데 힘씀이니
아무리 대담한 사람도 오현에겐 미치지 못하리.

寒蠹微言百不傳 (한두미언백부전)

紛紛廡議感當年 (분분무의감당년)

廢朝萬事勤吹索 (폐조만사근취색)

大胆人無及五賢 (대단인무급오현)

위의 것은 심석재心石齋 송병순宋秉珣(1839-1912)의 「악양정에
서 삼가 일두 선생의 시에 차운하다(岳陽亭 謹次一蠹先生韻)」이고,

그 아래 것은 매천梅泉 황현黃玹(1855-1910)의 「일두 유허(一蠹遺墟)」중 두 번째 작품이다. 한훤당寒暄堂은 김굉필金宏弼(1454-1504)의 호號이고, 오현은 문묘文廟에 종사된 김굉필·정여창·조광조趙光祖(1482-1519)·이언적李彦迪(1491-1553)·이황李滉(1501-1570)을 가리킨다.

정여창 사후 사백 년이 지났고, 남아 있는 흔적이 전혀 없음에도 악양정을 중건할 수 있었던 것은 조선 역사에서 그가 지닌 위상과 풍모 때문이었다. 게다가 지역 유림의 지극한 정성도 빼

그림 36 악양정 전경

146

악양정 덕은사

놓을 수 없는데, 두 사람은 이를 잊지 않고 칭송하고 있다. 수백
년 동안 섬진강과 함께 수많은 이들의 안타까움을 자아내고 눈
물을 흘리게 했던 악양정이 비로소 자기 자리를 찾게 된 것이다.

　악양정은 처음 정여창의 개인 공간으로 창건되었으나, 20세
기 초 중건될 때는 그를 제향할 사당도 함께 건립하여, 사우祠宇
로서의 역할을 강조하였다. 악양정 뒤편 덕은사德隱祠에는 송대
성리학자 주희朱熹(1130-1200)를 주향主享으로 하고, 정여창을 비
롯해 동문인 김굉필과 김일손 등을 배향配享하였는데, 바로 정

여창의 학문적 연원을 기리기 위함이었다.

중건 당시 덕은사에는 이들 넷뿐이었는데, 현재는 한 명을 더하여 다섯 분이 모셔져 있다. 추가된 이는 둔재遯齋 정여해鄭汝諧(1450-1520)이다. 그의 신위가 언제 봉안되었는지는 알 수 없다. 정여해는 정여창과 동갑 나이의 8촌 동생으로, 김종직의 문하에서 함께 배웠다. 전라도 화순에서 살았는데, 무오사화가 일어났을 때 중풍으로 요양하고 있어 다행히 화를 면했다고 한다. 정여해를 김종직 문하로 이끈 것도 정여창이었다. 친족이자 동문으로 함께했던 정여해는 정여창의 삶과 학문을 제문祭文으로 상세히 남겼다. 그리고 고향에 은거하면서 사화로 희생된 스승과 벗의 넋을 위로하기 위해 1508년(중종 3) 해망단海望壇을 설치하고, 김종직·김굉필·정여창·김일손 등의 위패를 모시고 제사를 지냈다.

정여해가 죽은 후에는 해망단을 돌보는 이가 없어 황폐해졌다가, 1871년(고종 8) 지역 유림이 해망단 제향을 복원하였다. 이때 정여해의 위패도 함께 봉안하였다. 해망단은 1979년 후손과 유림에 의해 지금의 모습으로 확장되면서 이름도 해망서원이라 바꾸었다. 해망서원은 현재 전라남도 화순군 춘양면 대신리 904번지에 있으며, 전라남도 문화재자료 제122호로 지정되었다. 정여해는 이러한 공적이 인정되어 덕은사에 봉안된 것이리라.

악양정은 유허로 존재할 때도 흠모의 정을 불러일으켰고, 중수 이후에는 정여창이 학문적으로 중시했던 『소학』을 강학하였다. 수백 년이 흘렀지만, 선현의 학문과 삶을 본받고 동질감을 공유하고자 하는 후학의 마음이었다. 지금도 매년 음력 4월 15일이면 석채례釋菜禮를 행한다.

옛 영광을 찾아라, 산청 환아정

2022년 6월 27일, 드디어 산청의 환아정換鵝亭이 중건되었다. 1395년 창건되고, 1597년 정유재란 때 불탔다가 1640년 복원되었으며, 1950년 화재로 온전히 불탄 것을 72년 만에 복원하였다. 역사 속 산청의 면모와 명성을 되찾는 길은 환아정을 복원하는 것뿐이라고 끊임없이 주장해 온 필자로서는 감개무량하기 그지없었다. 조선시대 지리산권 동쪽 지역 산청의 대표 명승인 환아정을 소개한다.

경상남도 산청山淸은 예로부터 산수가 빼어난 곳으로 이름났다. 산청의 옛 이름은 산음山陰이다. 본래의 이름은 지품천현知品川縣인데 신라 경덕왕 때 산음으로 바꾸었다고 한다. 이후 조

그림 38 환아정 원경

가운데 건물이 산청군청이고, 오른쪽이 산청초등학교이며, 군청 뒤편 언덕의 기와집이 중건한 환아정이다. 그 너머로 경호강이 유유히 흐르고 있다

그림 39 환아정, 2022년

선 영조 43년(1767)에 일곱 살의 여자아이가 아들을 낳는 사건이 일어났는데, 음기陰氣가 성하기 때문이라는 결론을 얻어 '산청'으로 바꾸었다고 『대동지지大東地志』에 전한다.

환아정은 1395년 산음현감 심린沈潾이 산청 관아의 객사客舍 후원에 세운 누정이다. 현 산청군청은 옛 산음 관아가 있던 자리이며, 산청초등학교는 객사 터이다. 따라서 옛 환아정 터는 현 산청초등학교 현관 자리이다. 조선 개국공신 권근權近(1352-1409)의 손자 권반權攀(1419-1472)이 환아정이라 이름하였고, 조선조 최고의 명필 석봉石峯 한호韓濩(1543-1605)가 쓴 편액이 걸려 있었다.

우여곡절 끝에 환아정은 현 산청군청 청사廳舍 뒤편 산엔청공원 정상에 복원하였다. 옛 자리에 그대로 복원했다면 더할 나위 없이 좋았겠지만, 조선시대 객사의 역할을 지금은 청사에서 행하고 있으니, 명실상부하지 않다고 할 수는 없을 것이다.

'환아'는 '거위와 바꾸다'라는 뜻이다. 중국 산음은 절강성浙江省 소흥紹興의 회계군會稽郡에 있다. 동진東晉 때 서성書聖으로 이름난 왕희지王羲之(307-365)가 회계내사會稽內史가 되어 산음현에 부임하였다. 353년 늦은 봄날, 왕희지는 42명의 당대 문사文士를 불러 모아 난정蘭亭에서 시회詩會를 열었고, 그때의 작품을 『난정시집蘭亭詩集』으로 엮었다. 그리고 왕희지가 그 유명한 「난정시집서蘭亭詩集序」를 지었다.

왕희지는 흰 거위를 무척이나 좋아하였다. 마침 산음현에 흰 거위를 키우던 도사道士가 있었는데, 거위를 갖고 싶었던 왕희지에게 글씨를 써서 주면 거위를 주겠다고 약속하였다. 너무나 갖고 싶었던 왕희지는 그날 밤새 도가道家 경전인 『황정경黃庭經』을 통째로 써서 주었다고 한다. 후대에는 그가 바꿔 온 거위를 키운 연못을 아지鵝池라 하고, 붓과 벼루를 씻은 곳을 각각 묵지墨池와 세연지洗硯池라 일컬었다. 그곳에는 호수처럼 맑은 경호鏡湖도 유명한데, 지금도 절강성 소흥에는 왕희지의 일화를 스토리텔링하여 많은 관광객을 유치하고 있다.

조선시대 산음은 중국의 산음과 동명同名의 고장이니 왕희지와 관련한 유적이 없을 수 없었다. 우암尤庵 송시열宋時烈(1607-1689)이 1664년에 쓴 환아정 기문에 의하면, 환아정 아래로 흐르는 물을 '경호'라 하였고, 도사관道士館과 세연지도 있었다.

환아정에 올라 기문을 열람하였다. 북쪽으로 맑은 강을 대하니 '물은 저렇게 밤낮없이 유유히 흘러가는구나'하는 감회가 있었다. 그래서 잠시 비스듬히 누워 눈을 붙였다가 일어났다. 아, 어진 마을을 골라 거처하는 것이 지혜요, 나무 위에 깃들어 험악한 물을 피하는 것

이 총명함이로구나. 고을 이름이 '산음'이고 정자 이름
이 '환아'이니, 아마도 이 고장에 회계산의 산수를 사모
하는 자가 있었나 보다. 우리가 어찌하면 이곳에서 동
진의 그 풍류를 길이 계승할 수 있을까.

— 김일손, 「두류기행록頭流紀行錄」

김일손이 1489년 4월 17일 정여창과 함께 지리산을 유람하
는 도중 환아정에 올랐을 때의 기록으로, 환아정과 관련한 이러
저러한 정황을 압축적으로 보여 준다. 김일손의 유람은 창건 이
후 대략 일백 년쯤 후에 있었고, 그때는 환아정도 다듬어진 주
변 경관과 역사성을 동시에 지닌 산청의 명승으로 자리하였다.
이후 이곳을 지나는 수많은 문인의 발길을 사로잡아 그들의 작
품에서 애용되었다.

환아정과 관련한 시는 대체로 두 가지 관점에서 이해할 수
있다. 주변의 빼어난 경관과 그 속에 담긴 고사를 읊어 내는 것
이 그 하나인데, 주로 이곳을 유람하는 문인에게서 나타난다.
또한, 환아정은 관아 객사 내의 건물이고, 부근의 도사관은 사
신使臣이나 빈객을 접대하는 등 공무를 행하던 장소였다. 따라
서 환아정과 도사관을 소재로 선정善政을 노래한 작품이 다수
전하는데, 대체로 산음현감을 지냈거나 그와 관련한 인물에게

서 보인다.

그러나 환아정은 우리 고장을 대표하는 풍류의 명승이었다. 먼저 산청 사람 덕계德溪 오건吳健(1521-1574)의 「환아정에 쓰다(題換鵝亭)」라는 한시부터 읽어 보자.

신선 유람 하필이면 요지만을 고집하랴
이곳의 풍광도 구경하기에 넉넉하다오.
한 가닥 피리 소리에 봄날은 저물려는데
달빛 비친 강물에 외로운 배가 떠 있네.

瑤池何必作仙遊 (요지하필작선유)
此地風光足上流 (차지풍광족상류)
一篴聲中春欲暮 (일적성중춘욕모)
滿江明月載孤舟 (만강명월재고주)

1구의 요지瑤池는 중국 전설 속 선산仙山인 곤륜산崑崙山에 있다는 연못으로 경관이 빼어나고, 여선女仙인 서왕모西王母가 사는 곳으로도 유명하다. 오건은 53세인 1574년 3월 환아정을 유람하고서 그곳에서의 풍류를 신선 유람에 비유하고 있다. 특히 경호강에서의 선유船遊(뱃놀이)는 환아정 유람에서 빠뜨릴 수 없는 풍류였다.

신필로 거위 얻은 진晉나라 왕희지
우리나라 서법은 그에게서 전해졌네.
세 글자의 정자 편액 찬연히 빛나니
서까래 같은 글씨 앞다퉈 구경하네.

神筆要鵝典午天 (신필요아전오천)
東韓書法得其傳 (동한서법득기전)
三字扁亭輝映勝 (삼자편정휘영승)
人人爭觀筆如椽 (인인쟁관필여연)

하동 지역의 대표 학자인 겸재謙齋 하홍도河弘度(1593-1666)의
「환아정」이다. 그는 남명 사후 제1인자로 일컬어지던 남명학파
인물이다. 첫 구의 '전오典午'는 '사마司馬'를 뜻하는 은어隱語이니,
곧 사司를 전典으로, 마馬를 오午로 대체하여 사용하였다. 여기
서는 왕희지가 살았던 진晉나라 황제의 성씨가 사마씨司馬氏였
으니, '진나라 조정'을 뜻한다.

환아정 한시는 주변의 경관 못지않게 거위·왕희지와 석봉
한호의 글씨로 이어지는 연상이 작시作詩의 주요 구성 요소이
다. 주변 경관의 아름다움만을 칭송하지 않고 그 이름이나 역
사적 고사와 전설 등을 활용해 작자의 뜻을 넓혀 전하는 방식이
다. 한호는 특히 왕희지 서체의 영향을 많이 받은 서예가로, 꿈

속에서 왕희지에게 글씨를 받아 공부했다는 일화로 유명하다.
하홍도의 시는 환아정 전반을 아우른 대표적인 작품이라 할 수
있다.

회계산과 경호강이 빈 누대를 감싸고
계축년의 봄 그 상사일이 돌아왔도다.
안개 낀 대 그림자 세연지에 아른대고
비 온 뒤 난초 향은 술잔 속에 더하네.
거위 끌고 떠나가니 갈매기 날아오고
도사 상봉 어려우니 나그네 찾아오네.
만약에 시인이 그림으로 묘사한다면
영화연간 수재들의 풍류 못지않으리.

稽山鏡水繞空臺 (계산경수요공대)

癸丑春兼上巳回 (계축춘겸상사회)

竹影抱烟侵洗硯 (죽영포연침세연)

蘭香經雨裏行盃 (난향경우읍행배)

籠鵝已去沙鷗至 (농아이거사구지)

道士難逢洞客來 (도사난봉동객래)

若使詩人摸繪素 (약사시인모회소)

風流不借永和才 (풍류불차영화재)

의재宜齋 남주헌南周獻(1769-1821)이 지리산 유람 도중 환아정에
들러 지은 작품이다. 앞서 언급하였듯, 그는 1807년 3월 함양군
수로 재직 시 경상관찰사 윤광안尹光顏·진주목사 이낙수李洛秀·
산청현감 정유순鄭有淳과 함께 8일 동안 지리산을 유람하였다.

2구의 계축년과 8구의 영화연간永和年間은 왕희지가 난정에
서 수계修禊한 353년을 가리킨다. 그해는 '영화 9년', 곧 계축년
이었다. 남주헌은 환아정에 모인 네 사람이 난정에 모였던 그들

그림 40 1912년 산청공립보통학교 개교 당시 환아정의 모습(산청초등학교)

못지않은 걸출한 인물임을 자부하고, 자신들의 풍류를 그들과 동일시하여 승격하고 있다. 이렇듯 환아정은 조선조 문인들이 풍류와 흥취를 즐기던 산청의 대표적 명승이었다.

환아정은 일제강점기에 잠시 관청으로 사용되다가, 1912년 산청공립보통학교로 활용되었다. 그리고 그 자리에 지금 산청 초등학교가 자리하여 산청 교육의 현장임을 증빙하고 있다. 복원한 환아정은 비록 그 위치가 달라지긴 했으나, 그 속에 담긴 역사적 의미와 본질은 변하지 않았다고 생각한다. 복원 위치는 산청의 어디에서도 훤히 바라다보이는 곳이며, 건물의 규모 또한 국내 3대 누각이라는 옛 명성에 누累가 되지 않을 위용을 갖추고 있다. 게다가 산청의 대표 주맥主脈인 문필봉文筆峰과 왕산王山이 환아정을 마주하여 품어 주고, 경호강이 환아정을 끼고 길게 흘러간다. 이제는 환아정에 서린 고사와 선현들의 기대, 나아가 수백 년의 역사에서 환아정이 지녔던 그 위상과 영광을 되찾을 일만 남았다. 이는 우리 후학의 몫이다.

전통과 현대의 조화, 남사예담촌

현재 지리산은 북쪽 권역의 남원과 함양, 동쪽 권역의 산청,

남쪽 권역의 하동, 서쪽 권역의 구례 등 어느 방향이나 어느 지점에서 산행을 시작해도 될 만큼 산행로가 잘 닦여 있고, 또 그만큼 많은 사람이 찾고 있다. 그중에서도 가장 많이 애용하는 코스가 바로 산청 중산리에서 산행을 시작하는 경우이다. 가파른 경사에도 불구하고 천왕봉에 오르는 최단 거리의 코스이다.

그림 41 남사마을 전경

사수가 마을을 휘감아 흐르고 있다

조선시대 '지리산 인물'로 일컬어지던 남명 조식의 유적이 그 언저리 덕산德山에 포진하고 있는 것도 많은 사람이 이 코스를 등정하는 데 한몫하였다. 덕산으로 들어가는 시작 지점에 지리산 권역 유일의 전통마을인 남사마을(南沙村)이 있다.

경상남도 산청군 단성면 남사리 남사마을은 마을 가운데를 흐르는 사수泗水를 중심으로 북서쪽에 상사마을이 있고, 동쪽에 초포마을이 있다. 상사와 초포 두 마을은 현재 행정구역상 단성면 사월리沙月里에 속하나, 수백 년 동안 남사마을과 동약洞約을 공동 운영하는 등 역사적 경험을 공유한 마을이다. 따라서 예나 지금이나 마을 경영 등을 함께 하고 있어 '심증적 한 마을'이라 할 수 있다.

조선시대에는 사수 남쪽을 진주 사월리로, 북쪽을 단성현 사월리로 분리했는데, 갑오경장(1895) 때 단성현이 단성군으로 승격되었고, 1906년 진주 사월은 산청군으로 편입되었다. 1914년 일제가 단성군을 해체하여 단성면과 신등면으로 격하시켜 산청군으로 통합하면서, 남쪽의 사월은 남사월南沙月, 북쪽의 사월은 상사월上沙月로 개명한 것이 오늘날의 남사와 상사가 되었다.

지형적 위치로 보자면 천왕봉에서 흘러와 우뚝 멈춘 수려한 봉우리가 남사의 뒷산인 니구산尼丘山이고, 그 아래로 사수가 마을을 휘감아 흐르며, 그 가운데에 넓은 들과 울창한 숲이 조성된 천혜의 조건을 갖춘 남사마을이 형성되었다. 풍수적 측면에서 보자면, 남사마을은 당산堂山이 수용의 머리이고 니구산이 암용의 머리가 되어, 서로 머리와 꼬리를 무는 형상인 쌍룡교구雙龍交媾의 모습을 하고 있다. 형세가 반달 모양인 남사마을은 그 반월을 메우면 재앙이 든다고 믿어 지금도 중심부에 집을 들이지 않으며, 상사마을은 배 모양으로 생겼다고 하여 우물 파기를 금한다고도 전한다.

남사마을의 상징적 공간은 니구산과 사수이다. 니구산은 공자孔子의 고향인 중국 산동성 곡부曲阜에 있는 산이며, 사수 또한 곡부를 휘감아 흐르는 강 이름이다. 이에서 남사마을은 공자의 니구산과 사수를 표방한, 곧 공자의 학문인 전통 유학을 숭상하던 전형적인 반촌班村임을 알 수 있다. 따라서 지리적 입지와 문화적 상징이 합쳐진 이곳에는 예로부터 수많은 명문사족名門士族이 입향하여 빼어난 인재를 배출하였고, 나아가 니구산과 사수에 깃든 정신을 지켜 학문을 숭상하는 마을로 이름을 드러내었다. 이는 남사마을에 현존하는 여러 유적, 예컨대 사양정사泗陽精舍·니사재尼泗齋·니동서당尼東書堂 등의 이름을 통해서도 확인할 수 있다.

마을의 역사는 대략 칠백 년을 웃도는 것으로 추정된다. 남사의 토성土姓인 진양 하씨가晉陽河氏家의 대표 인물 하즙河楫

(1303-1380)과 하윤원河允源(1322-1376) 등을 통해 고려시대 말기까지로 마을의 역사를 소급할 수 있다.

그러나 남사마을은 진양 하씨 외에도 여러 성씨가 입향하여 집안을 형성한 다성촌多姓村이다. 대표적 성씨로는 성주 이씨星州李氏·밀양 박씨密陽朴氏·연일 정씨延日鄭氏·전주 최씨全州崔氏가 있으며, 현재 남사마을에는 동성족同姓族이 살고 있진 않으나 역사적으로 이 마을을 빛낸 진양 강씨晉陽姜氏와 현풍 곽씨玄風郭氏도 빼놓을 수 없다. 다양한 이들 문중과 여러 인물 덕분에 남사마을은 선비가의 수많은 문화유적이 현전하는, 지리산 권역을 대표하는 전통 선비마을이 되었다.

현재 남사마을은 '남사예담촌'으로 더 유명하다. '예담촌'이란 이름은 2003년 '농촌전통테마마을'로 지정된 이후부터 사용하였는데, 남사예담촌 홈페이지에 의하면 '오랜 세월을 묵묵히 지켜 온 옛 담의 신비로움, 전통과 예를 중요시하는 이 마을의 단정한 마음가짐을 담아 가자'는 의미를 담고 있다고 한다. 남사마을의 담장은 2006년 12월 등록문화재 제281호로 지정되었다. 남사·상사·초포마을을 모두 합하여 150여 가구에 300여 명이 살아가고 있다.

우리나라 여느 곳이 마찬가지겠지만, 남사마을 또한 전통과 현대의 사이에서 여러 진통을 겪어 왔고, 현재도 겪는 중이다.

그림 42 남사마을 전경

정면 왼쪽에 솟아 있는 산이 니구산이다

산청군은 남사마을의 오랜 전통을 보호하고자 행정적 지원과 함께 훼손을 막는 여러 제약을 적용해 왔다. 예컨대 음식점이나 유흥시설의 무분별한 개업을 금지하고, 개업한 식당도 철저하게 지자체에서 관리하며, 마을 입주 시 전통 기와집을 짓도록 하는 등이다. 그 덕분에 마을의 전통적 모습이 덜 훼손되고 유지되어 온 것은 참으로 고마운 일이다.

그렇지만 지역민의 생계가 유지될 때 마을도 지속될 수 있으므로 이를 위해서는 현실을 받아들여야 했다. 그리하여 지역

민의 요구에 부응하되 전통과 현대의 절충을 고민하여 꽤 괜찮은 대안을 찾았다. 남사마을 고택에서 숙박 체험을 허용하고, 산청군에서 특화한 한방약초를 활용해 관광객에게 족욕足浴 체험을 허용하고 수익을 창출하도록 한 것이다. 불가피한 선택이었지만, 한편으로 현명한 일 처리라 생각한다. 전통과 현대가 어우러진 조화 속에서 필자가 끔찍이도 아끼는 남사마을이 오래도록 보존되기를 기대해 본다. 자, 지금부터 남사마을을 한번 둘러보기로 한다.

진양 하씨와 원정구려

진양 하씨는 남사마을의 가장 오랜 역사를 가진 문중으로, 대표적 인물로는 하즙이 있다. 그는 하공진河拱辰, 하진河珍, 하성河成으로 내려오는 진양 하씨 문중의 세 계파 가운데 사직공파司直公派 하진 계열의 8세손이다. 고려 말기 찬성사贊成事로 벼슬을 그만두고 진천부원군晉川府院君에 책봉되었다. 시호는 원정元正이다. 그는 남사마을 진양 하씨의 입향조이다.

그의 아들 하윤원河允源(1322-1376)은 충혜왕 때 과거 시험에 급제하여 전교 교감典校校勘에 보임되었고, 공민왕 때 홍건적이 침입하자 전리 총랑典理摠郎이 되어 전란 수습에 큰 공적을 세웠

원정구려

흥선대원군 글씨

으며, 이로써 2등 공신이 되었다. 경상도·서해도 등 4도의 안찰
사按察使를 역임했으며, 원주와 상주의 수령이 되어 치적이 많았
다. 고려 우왕 초기 대사헌에 발탁되고 진산부원군晉山府院君에
책봉되었다.

하즙의 증손 하연河演(1376-1453)은 자字가 연량淵亮, 호는 경재
敬齋·신희新稀이고, 시호는 문효文孝이다. 조부는 하윤원이고, 부
친은 공안부윤과 청주 목사를 지낸 하자종河自宗이다. 포은圃隱
정몽주鄭夢周(1337-1392)의 문인이다. 1396년(태조 5) 식년문과에

병과로 급제하여, 세종 때 예조참판·대사헌·평안도 관찰사·대제학·영의정 등을 지냈다. 대사헌으로 있을 당시 조계종 등 불교 7종파를 선종과 교종 36개 본산으로 통합하고, 혁파된 사원의 토지와 노비는 국가로 환수하였다. 의정부에 들어가서는 공세법貢稅法을 마련했으며, 의정부 재임 20여 년 동안 법도를 잘 지켜 '태평시대의 문물을 잘 지켜 간(昇平守文) 재상'으로 일컬어졌다. 이후에도 진양 하씨가는 수백 년의 세월을 겪으며 남사마을을 지켜 왔다.

하즙 이래로 후손들이 지켜 온 하씨 고가에는 '원정구려元正舊閭'라는 편액이 붙어 있다. 이는 흥선대원군 이하응李昰應(1820-1898)이 병인양요(1866) 때 공적을 세운 하겸락河兼洛(1825-1904)을 치하하여 내려 준 글씨이다.

하겸락의 자는 우석禹碩, 호는 사헌思軒이다. 월포月浦 이우빈李佑贇(1792-1855)의 문하에서 수학하였다. 1853년(철종 4) 무과武科에 을과로 급제한 뒤 1857년 수문장으로 기용되었다. 이듬해 부사과副司果를 지냈고, 1860년 훈련원 첨정·어영파총御營把摠 등을 역임했으며, 1862년 거제 도호부사가 되었다. 1866년(고종 3) 병인양요 때 순무사 중군巡撫使中軍 이용희李容熙의 종사관이 되어 난리를 수습하였고, 강계 도호부사 겸 청북 병마우방어사 때에는 회재서원晦齋書院 철폐를 막는 등 선정을 폈다.

그림 44 원정매, 2006년

그림 45 원정매, 2022년

원정구려는 '진양晉陽'의 옛 이름인 '분양汾陽'을 본떠 '분양 고가'라고도 일컫는다. 본래 이 집은 아흔아홉 칸의 저택이었으나, 동학농민항쟁(1894) 때 농민군에 의해 소실되고 현재 목조건물 두어 채만 덩그러니 남아 있어, 하씨가의 찬란했던 역사적 흔적은 찾아볼 수 없게 되었다. 그러나 하씨 고가의 앞마당에는 지금도 하즙이 심었다는 매화 한 그루가 남사마을의 역사를 품고서 해마다 피어나고 있다. 원정공 하즙이 심었다고 하여 원정매元正梅라 부른다.

집 뒤뜰에 일찍이 매화 한 그루 심었더니
한겨울의 꽃망울은 나를 위해서 틔웠구나.
창가에서 주역 읽으며 향 피우고 앉았자니
티끌 먼지 한 톨도 전해오는 것이 없어라.

舍北曾栽獨樹梅 (사북증재독수매)

臘天芳艶爲吾開 (납천방염위오개)

明窓讀易焚香坐 (명창독역분향좌)

未有塵埃一點來 (미유진애일점래)

이는 하즙이 매화를 노래한 시로 알려져 있으며, 지금도 하씨 고가의 원정매 아래 시비詩碑에 새겨 놓았다. 한겨울에도 고운 매향을 느끼며 고요히 독서하는 고결함을 느낄 수 있게 한다. 원정매는 2005년 봄에 마지막 꽃을 피운 후 고사枯死하였다고 하며, 지금은 그 밑동 옆으로 난 새 가지가 자라 매년 봄에 꽃을 피우고 있다.

성주 이씨 고가와 이제개국공신교서

　　남사마을에 현전하는 한옥 가운데 가장 오래된 것은 성주

그림 46 성주 이씨 사랑채

이씨가星州李氏家 사랑채이다. 이는 경무공景武公 이제李濟(?-1398)
의 후손들이 세거해 온 집으로, 1700년대 초에 건축되었다. 동
학농민항쟁 때 농민군의 집중 공격을 받아 마을의 고택이 다 불
탔는데, 이 고가는 살아남았다. 이후 남사마을 고택을 복원하는
과정에서 이 사랑채가 표준이 되었을 것으로 추정된다. 왜냐하
면 현전하는 마을의 고가는 크기만 다를 뿐, 그 형식과 구조가
이씨 고가의 사랑채와 유사하기 때문이다. 1985년 경상남도 문
화재자료 제118호로 지정되었다.

경무는 이제의 시호이고, 그는 성주 이씨 경무공파 파시조派
始祖이다. 태조 이성계와 신덕왕후神德王后 강씨姜氏 사이에서 난
경순공주慶順公主와 결혼하였고, 이성계를 추대하여 개국공신
1등에 책록되고 흥안군興安君에 봉해졌다. 의흥친군 절제사義興
親軍衛節制使를 거쳐 1393년 우군절제에 올랐다가, 1398년 제1차
왕자의 난 때 정도전鄭道傳(1342-1398) 일파로 몰려 이방원李芳遠에
의해 살해되었다. 세종 때 신원되어 태조의 묘정廟庭에 배향되
었다. 1392년 개국 후 이성계가 하사한 '이제개국공신교서李濟開
國功臣敎書'는 2018년 국보 제324호로 지정되었는데, 이는 우리나
라 최초의 공신교서이자 현전하는 유일한 개국공신교서이다.

남사마을의 성주 이씨 입향에는 두 가지 설이 전한다. 태종
이 신덕왕후의 능을 폐할 때 그녀의 외증손이라는 이유로 이제

의 손자인 이숙순李叔淳·이계순李季淳·이의순李義淳 삼형제를 경상도 단성으로 유배 보냈고 이때부터 세거하게 되었다는 것이 하나이고, 이들 형제가 단종복위 사건에 연루되어 단성에 은거하게 되었다는 설이 또 다른 하나이다. 이들 중 이숙순이 진주 사월리에 터를 잡아 살았고, 남사마을 성주 이씨는 바로 이숙순의 후손들이다. 이숙순의 묘소가 초포동 산기슭에 있는데, 재실인 내현재乃見齋가 그 언저리에 있다. 내현재는 1843년 처음 건립되었으나 근년에 중수하였다. 성주 이씨가는 이후 12대째 진사를 배출하였고, 천 석의 농사를 지었으며, 남사마을 동약을 주체적으로 이끌어 왔다.

남사마을에 현전하는 성주 이씨 관련 유적으로는 이제의 8세손 이윤현李胤玄(1670-?)의 재실인 사효재思孝齋가 있다. 그는 1687년 부친을 모시고 천연두를 피해 산속에 들어갔다가 산적이 부친을 해치려 하자 몸으로 막아 내었다. 이때의 부상으로 8년 뒤 세상을 떠났으니, 당시 25세였다. 1706년 효행으로 정려旌閭되었다. 그의 실행록實行錄이 종가에 보관되어 왔으나, 이후 소실되었다고 한다.

사효재는 1817년 건립되었다. 들어가는 대문의 편액이 '귀후문歸厚門'이다. '귀후'는 『논어論語』 「학이學而」에서 "부모의 장례를 신중히 치르고 조상의 제사를 정성껏 모시면, 백성의 덕이

그림 47 《이제개국공신교서비》

그림 48 초포정사

두터운 데로 돌아갈 것이다(愼終追遠 民德 歸厚矣)"라고 한 구절에서 따온 말이다.

이윤현의 정려각은 남사마을 입구 여사교餘沙橋 맞은편 도로 옆에 있다. 기문記文은 만구晩求 이종기李種杞(1837-1902)가, 비문은 성재性齋 허전許傳(1797-1886)이 지었으며, 글씨는 약헌約軒 하용제河龍濟(1854-1919)가 썼다.

그 외에도 역락재亦樂齋 이백렬李伯烈(1747-1814)을 추모하는 남호정사南湖精舍가 있고, 이백렬에게 가학을 전수받은 조카인 월포月浦 이우빈李佑贇(1792-1855)의 학덕을 기리고 후학의 강학처로 활용되었던 초포정사草浦精舍가 있다.

밀양 박씨와 니사재

니사재尼沙齋는 남사마을에 세거하는 밀양 박씨 송월당공파松月堂公派의 문중 재실이다. 송월당 박호원朴好元(1527-?)을 제사하고, 또 후생이 강학하던 곳이다. 1857년 건립하였고, 남사마을의 니구산과 사수에서 그 이름을 가져왔다.

충무공忠武公 이순신李舜臣(1545-1598)의 백의종군 길로도 유명하다. 이순신이 하동 옥종의 청수역淸水驛을 떠나 도원수부都元帥府가 있는 합천으로 가던 도중, 박호원의 노비가 거처하는 행

그림 49 니사재

랑채에서 하루를 묵었다는 기록이 『난중일기亂中日記』에 보인다.
2003년 경상남도 문화재자료 제328호로 지정되었다.

　박호원은 자가 선초善初이고, 남사마을 밀양 박씨의 입향조
이다. 1552년 식년문과에 병과로 급제하여 1555년 함경남도 평
사가 되었다. 1557년 홍문관 부수찬이 되고, 이어 사간원 헌납
司諫院獻納·홍문관 교리弘文館校里·성균관 전적成均館典籍 등을 거
쳐 이듬해 용강 현령龍崗縣令으로 나아갔다. 1562년 토포사討捕使

174

종사관으로서 임꺽정林巨正의 무리를 진압한 공적으로 숙마熟馬 1필을 상으로 받았다. 이후 승지 등을 거쳐 1576년 대사헌에 올랐고, 이어 호조 참판을 역임하였다. 이로써 남사마을 밀양 박씨는 16세기에 이미 안정적으로 정착했음을 알 수 있다.

밀양 박씨와 관련한 문화유적으로는 박호원의 어머니 장수황씨長水黃氏의 묘제를 준비하고 재계하는 망추정望楸亭이 있다. 1781년 건립되었으며, 후산后山 허유許愈(1833-1904)가 기문을 지

그림50 니사재

었다. 장수 황씨 묘비 및 문인석은 2006년 경상남도 문화재자료 제403호로 지정되었다.

그 외에도 삼백헌三白軒이란 정자가 있다. 면우俛宇 곽종석郭鍾錫(1846-1919)이 1913년에 쓴 「삼백헌기三白軒記」에 다음과 같은 이야기가 전한다. 박호원의 7세손 니계尼溪 박래오朴來吾(1713-1785)가 사월리에 쌍백정雙白亭을 세웠다. '쌍백'은 '흰 모래와 흰 달(沙白月白)'을 일컫는다. 박래오의 4세손 사촌沙村 박규호朴圭浩(1850-1930)는 쌍백정이 퇴락해지자 고조부의 쌍백에 '청백淸白한 유풍' 하나를 더해 '삼백정'이라 이름하였다고 한다.

연일 정씨와 사양정사

남사마을 연일 정씨의 입향조는 설곡雪谷 정보鄭保이다. 그는 정몽주의 손자로, 학문이 뛰어나 세종의 총애를 받았으며, 예안현감으로 나아갔다가 사헌부 감찰을 역임하였다. 성삼문成三問·박팽년朴彭年 등과 교유하였고, 1456년 단종복위 사건이 일어나자 인척 되는 한명회韓明澮(1415-1487)에게 사육신의 무죄를 주장하였다가 죄를 얻었다. 그러나 '충신의 후손'이라는 이유로 연일에 유배되었고, 이후 단성으로 유배지를 옮겨 살다가 세상을 떠났다.

사양정사

사양정사泗陽精舍는 '사수 북쪽에 있는 정사'라는 뜻으로, 구한말의 학자 계재溪齋 정제용鄭濟鎔(1865-1907)을 추모하기 위해 그의 아들 정덕영鄭德永(1885-1956) 등 후손들이 1920년대에 세웠다. 주로 문중 자제와 후생들의 강학 장소로 활용되었다. 현재 남사마을에서 가장 큰 규모를 자랑하는 집이며, 2009년 경상남도 문화재자료 제453호로 지정되었다.

정제용은 자가 형로亨櫓이고, 허유와 곽종석의 문하에서 수학하였다. 그의 문집 『계재집』에는 곽종석과 사물잠四勿箴・시정時政・이기理氣・상례喪禮에 관해 주고받은 편지, 이기론理氣論에 대해 논한 「구산만록龜山漫錄」 등이 실려 있다. 지역 선현인 남명 조식의 현창 사업에도 열성적이었다.

연일 정씨는 영일 정씨迎日鄭氏 또는 오천 정씨烏川鄭氏로도 일컬어지므로, 사양정사를 비롯해 그 뒤쪽의 선명당善鳴堂 등을 통틀어 오천 고가烏川古家라고도 한다. 선명당의 옛 이름은 삼화재三華齋이다. 안채는 복원하지 못한 채 공터로 남아 있다.

진양 강씨와 정당매

현재 남사마을에 거주하는 일가는 없으나, 진양 강씨 또한 마을의 역사에서 빠뜨릴 수 없다. 진양 강씨의 남사 인연은 진양 하씨의 입향조 하즙의 둘째 사위 강시姜蓍(1339-1400)가 처향妻鄕에 살면서 시작되었다. 강시는 진양 강씨 박사공파의 6세조로, 1357년 성균관에서 시행하는 과거 시험에 급제하여 강릉도 안찰사・문하평리상의門下評理商議 등을 역임했으며, 진산부원군晉山府院君에 봉해졌다.

그에게는 다섯 아들이 있었는데, 첫째가 정당문학政堂文學・동북면 도순문사를 지낸 통정공通政公 강회백姜淮伯(1357-1402)이다.

그림 52 단속사 정당매, 2023년 봄

그는 남사마을 인근에 있는 단속사斷俗寺 정당매政堂梅와 함께 특히 이름난 인물이다. 『신증동국여지승람新增東國輿地勝覽』 권30 「단속사」 조에 의하면, "강회백이 이 절에서 글을 읽으면서 매화 한 그루를 손수 심었다. 그 뒤 벼슬이 정당문학에 이르렀으므로 그 매화나무를 정당매라 하였다"라고 하였다. 그의 막내 아우 강회계姜准季는 고려 공양왕의 부마였다.

　강회백의 넷째 아들 강석덕姜碩德은 당대 최고의 권력가 심온沈溫의 둘째 딸과 혼인하였다. 심온의 첫째 딸이 세종의 왕비 소헌왕후昭憲王后였으니, 강석덕은 세종과 동서지간이다. 강석덕과 청송 심씨 사이에 강희안姜希顔(1418-1464)과 강희맹姜希孟 (1424-1483)이 태어났으니, 이들은 문종·세조와는 이종姨從 간이 된다.

남사마을의 진양 강씨는 이렇듯 출사해서 권력의 중심에 있었는가 하면, 하즙의 후손들이 도성에 이주하여 벼슬살이하는 수백 년 동안 마을을 지키며 살아왔다. 그러나 태계台溪 하진河溍 (1597-1658)이 다시 옛집을 찾아 남사마을로 돌아오면서 강씨는 외지로 이주하게 되었고, 이후 남사에서 강씨는 보이지 않게 되었다.

그림 53 봉양사

남사마을 인근에 현전하는 진양 강씨 유적은 근년에 완공한 박사공파 재실인 봉양사鳳陽祠뿐이다. 이곳에는 박사공파 1세조부터 6세조 강시를 포함한 9위位와 강시의 부인 진양 하씨, 그리고 강시의 다섯 아들을 포함한 15위를 향사하고 있다.

면우 곽종석과 니동서당

남사마을을 대표하는 지식인이라면 근세의 유학자 면우俛宇 곽종석郭鍾錫(1846-1919)을 꼽을 수 있다. 그의 세거지는 초포

그림 54 니동서당

마을이었다. 경북 칠원에 살던 그의 집안이 초포로 이주한 것은 조부 곽수익郭守翊 때이다. 그의 부친 곽원조郭源兆는 단성향교 원임을 지내기도 하였다.

곽종석은 본관이 현풍玄風이고, 자는 명원鳴遠이며, 호는 면우 외에도 유석幼石·회와晦窩 등이 있다. 아명兒名은 석산石山인데, 부친이 마을 뒷산인 석대산石臺山이 방 안으로 들어오는 태몽을 꾼 후 태어났기 때문에 붙여진 이름이라고 한다. 경술국치 (1910) 후에는 이름을 도鍧, 자를 연길淵吉이라 하였는데, 이는 도잠陶潛과 김이상金履祥의 성을 조합하여 이름을 만들고, 도잠의 자인 연명淵明과 김이상의 자인 길보吉父의 앞 글자를 딴 것이라고 한다.

4살 때 부친과 함께 이홍렬李鴻烈에게 사서오경四書五經 등을 배웠고, 부친이 세상을 떠난 12살 이후에는 유가경전뿐 아니라 도가道家와 불가佛家의 경전까지 섭렵하였다. 이후 주자학朱子學에 전념하여 20대 초반에 이미 학자로서의 명성을 떨쳤다. 25세 때 한주寒洲 이진상李震相(1818-1886)의 문하에 나아가 심즉리설心卽理說에 더욱 심취하였다. 1883년 퇴계학退溪學에 심취하였고, 이 시기 기호학계의 논쟁에 뛰어들기도 했다. 1896년 거창 다전茶田으로 옮겨 살았다.

그 직후 미국·영국·러시아·프랑스·독일 등의 공관에 열국의 각축과 일본의 침략을 규탄하는 글을 발송하였다. 1899년 중추원 의관으로 부름을 받았으나 사양하고 학문에만 전념하였다. 1903년 통정대부通政大夫에 이르고 비서원승秘書院丞에 제수되었다. 당시 신기선申箕善 등이 여러 차례 출사를 권유하여 10여 일간 고종을 독대獨對하고 구국救國의 의견을 상주하였다. 을사늑약(1905) 때는 약정 폐기와 오적五賊 처단을 요구하는 상소를 하기도 했다.

이후 학자적 명성은 더욱 알려졌고, 그래서 3·1운동 때 137인의 파리장서에서 대표로 추대되어 초안을 작성하였다. '파리장서'는 1919년 프랑스 파리에서 열린 세계평화회의에 곽종석 등 유림 대표 137명이 서명하여 대한민국의 독립을 호소한 2,674자의 독립청원서다. 이 일로 인해 2년간 옥고를 겪고 옥사 직전 병보석으로 나왔으나, 그 여독으로 곧이어 세상을 떠났다.

남사마을에 현전하는 그의 유적으로는 니동서당尼東書堂이 있다. '니동'은 '니구산의 동쪽'이라는 뜻으로, 니동서당의 위치를 알려 줌과 동시에 공자의 학문을 닦는 곳임을 상징하고 있다. 곽종석의 항일독립운동 공적을 기리기 위해 그가 세상을 떠난 이듬해(1920) 지역의 유림과 제자들이 건립하였다. 이후 이지역 후학들의 강회講會와 문집 출간 등을 위한 회합 장소로 활용하였다. 대문은 국가와 민족을 위한 그의 마음을 대변하듯

니동서당과 유림독립기념관

일직문―直門이라 편액하였고, 마당 한편에는 그의 유허비가 세워져 있다. 1963년 건국훈장 독립장이 추서되었고, 그의 문화유적은 국가보훈처 현충시설 43-1-20호로 지정되었다. 이후 1993년 경상남도 문화재자료 제196호로 지정되었다.

그 외에도 곽종석을 비롯해 이 지역 유림의 독립 활동을 기념하기 위해 2013년 10월에 준공한 유림독립기념관이 있다. 니동서당 곁에 세웠으며, 전시실과 수장고 등을 갖춘 전통한옥 건축물이다. 주로 파리장서에 서명한 137명의 활동 상황과 유적

등을 전시하여 선현들의 정신을 이어 주고 있다. 현재 남사마을 에는 현풍 곽씨가 살지 않지만, 그는 당시 우리나라 유림을 대 표하는 인물이자 남사를 상징하는 선비의 표상이었다.

지리산 유람록 목록(유람시기순)

15세기

저자	작품 및 문집명	유람 시기
이륙(李陸) 1438-1498	유지리산록(遊智異山錄)『청파집(靑坡集)』	1463.08.○-08.25.
이륙(李陸) 1438-1498	지리산기(智異山記)『청파집(靑坡集)』	1463.08.○-08.25.
김종직(金宗直) 1431-1492	유두류록(遊頭流錄)『점필재집(佔畢齋集)』	1472.08.14.-08.18.
남효온(南孝溫) 1454-1494	지리산일과(智異山日課)『추강집(秋江集)』	1487.09.27.-10.13.
남효온(南孝溫) 1454-1494	유천왕봉기(遊天王峯記)『추강집(秋江集)』	1487.09.30.
김일손(金馹孫) 1464-1498	속두류록(續頭流錄)『탁영집(濯纓集)』	1489.04.11.-04.26.

16세기

저자	작품 및 문집명	유람 시기
조식(曺植) 1501-1572	유두류록(遊頭流錄)『남명집(南冥集)』	1558.04.10.-04.26.
하수일(河受一) 1553-1612	유청암서악기(遊靑巖西嶽記)『송정집(松亭集)』	1578.04.
변사정(邊士貞) 1529-1596	유두류록(遊頭流錄)『도탄집(桃灘集)』	1580.04.05.-04.11.
하수일(河受一) 1553-1612	유덕산장항동반석기(遊德山獐項洞盤石記)『송정집(松亭集)』	1583.08.18.
양대박(梁大樸) 1544-1592	두류산기행록(頭流山紀行錄)『청계집(靑溪集)』	1586.09.02.-09.12.

17세기 전반기

저자	작품 및 문집명	유람 시기
박여량(朴汝樑) 1554-1611	두류산일록(頭流山日錄)『감수재집(感樹齋集)』	1610.09.02.-09.18.
유몽인(柳夢寅) 1559-1623	유두류산록(遊頭流山錄)『어우집(於于集)』	1611.03.29.-04.08.
박민(朴敏) 1566-1630	두류산선유기(頭流山仙遊記)『능허집(凌虛集)』	1616.09.24.-10.08.
성여신(成汝信) 1546-1631	방장산선유일기(方丈山仙遊日記)『부사집(浮查集)』	1616.09.24.-10.08.
조위한(趙緯韓) 1558-1649	유두류산록(遊頭流山錄)『현곡집(玄谷集)』	1618.04.11.-04.20.
양경우(梁慶遇) 1568-?	역진연해군현 잉입두류 상쌍계신흥기행록(歷盡沿海郡縣 仍入頭流 賞雙溪神興紀行錄)『제호집(霽湖集)』	1618.윤4.15.-05.18.
조겸(趙璡) 1569-1652	유두류산기(遊頭流山記)『봉강집(鳳岡集)』	1623.02.10.-02.16.

17세기 후반기

저자	작품 및 문집명	유람 시기
허목(許穆) 1595-1682	지리산기(智異山記)『기언(記言)』	1640.09.03.
허목(許穆) 1595-1682	지리산청학동기(智異山靑鶴洞記)『기언(記言)』	1640.09.03.
박장원(朴長遠) 1612-1671	유두류산기(遊頭流山記)『구당집(久堂集)』	1643.08.20.-08.26.
오두인(吳斗寅) 1624-1689	두류산기(頭流山記)『양곡집(陽谷集)』	1651.11.01.-11.06.
김지백(金之白) 1623-1671	유두류산기(遊頭流山記)『담허재집(澹虛齋集)』	1655.10.08.-10.11.
송광연(宋光淵) 1638-1695	두류록(頭流錄)『범허정집(泛虛亭集)』	1680.08.20.-08.27.
정협(鄭悏) 1674-1720	유두류록(遊頭流錄)『기행록(紀行錄)』	1691.04.16-04.17.

저자	작품 및 문집명	유람 시기
김창흡(金昌翕) 1653-1722	영남일기(嶺南日記)[『삼연집(三淵集)』]	1708.02.03.-윤03.21.
신명구(申命耉) 1666-1742	유두류일록(遊頭流日錄)[『남계집(南溪集)』]	1719.05.16.-05.21.
신명구(申命耉) 1666-1742	유두류속록(遊頭流續錄)[『남계집(南溪集)』]	1720.04.06.-04.14.
조구명(趙龜命) 1693-1737	유지리산기(遊智異山記)[『동계집(東谿集)』]	1724.08.01.-08.03.
조구명(趙龜命) 1693-1737	유용유담기(遊龍游潭記)[『동계집(東谿集)』]	1724.08.01.
정식(鄭栻) 1683-1746	두류록(頭流錄)[『명암집(明菴集)』]	1724.08.02-08.09 /08.17-08.27(2차)
김도수(金道洙) 1699-1733	남유기(南遊記)[『춘주유고(春洲遺稿)』]	1727.09.12.-10.05.
하대명(河大明) 1691-1761	유두류록(遊頭流錄)[『한계유고(寒溪遺稿)』]	1736.08.21.-08.30.
정식(鄭栻) 1683-1746	청학동록(靑鶴洞錄)[『명암집(明菴集)』]	1743.04.21.-04.29.
황도익(黃道翼) 1678-1753	두류산유행록(頭流山遊行錄)[『이계집(夷溪集)』]	1744.08.27.-09.14.
이주대(李柱大) 1689-1755	유두류산록(遊頭流山錄)[『명암집(冥庵集)』]	1748.04.01.-04.24.
하필청(河必清) 1701-1758	유낙수암기(遊落水巖記)[『태와유고(台窩遺稿)』]	미상.
권길(權佶) 1712-1774	중적벽선유기(中赤壁船遊記)[『경모재집(敬慕齋集)』]	○년.09.16.
박래오(朴來吾) 1713-1785	유두류록(遊頭流錄)[『니계집(尼溪集)』]	1752.08.10.-08.19.
이갑룡(李甲龍) 1734-1799	유산록(遊山錄)[『남계집(南溪集)』]	1754.윤5.10-05.16.
홍씨(洪氏)	두류록(頭流錄)[『삼우당집(三友堂集)』]	1767.07.16.-07.30.
이만운(李萬運) 1736-1820	촉석동유기(矗石同遊記)·덕산동유기(德山同遊記)·문산재동유기(文山齋同遊記)[『묵헌집(黙軒集)』]	1783.11.26.-11.28.
이동항(李東沆) 1736-1804	방장유록(方丈遊錄)[『지암집(遲庵集)』]	1790.03.28.-05.04.
유문룡(柳汶龍) 1753-1821	유천왕봉기(遊天王峯記)[『괴천집(槐泉集)』]	1799.08.16.-08.18.

저자	작품 및 문집명	유람 시기
유정탁(柳正鐸) 1752-1829	두류기행(頭流紀行)『청천가호집(菁川家稿集)』	○년.03.10-03.14.
응윤(應允) 1743-1804	두류산회화기(頭流山會話記)『경암집(鏡巖集)』	1803.03.
응윤(應允) 1743-1804	지리산기(智異山記)『경암집(鏡巖集)』	미상.
안치권(安致權) 1745-1813	두류록(頭流錄)『내옹유고(乃翁遺稿)』	1807.02.
남주헌(南周獻) 1769-1821	지리산행기(智異山行記)『의재집(宜齋集)』	1807.03.24.-04.01.
하익범(河益範) 1767-1813	유두류록(遊頭流錄)『사농와집(士農窩集)』	1807.03.26.-04.08.
유문룡(柳汶龍) 1753-1821	유쌍계기(遊雙磎記)『괴천집(槐泉集)』	1808.08.08.-08.16.
정석구(丁錫龜) 1772-1833	두류산기(頭流山記)『허재유고(虛齋遺稿)』	1818.01.
정석구(丁錫龜) 1772-1833	불일암유산기(佛日庵遊山記)『허재유고(虛齋遺稿)』	미상.
권호명(權顥明) 1778-1849	쌍칠유관록(雙七遊觀錄)『죽하유고(竹下遺稿)』	○년.09.13-미상.
노광무(盧光懋) 1808-1894	유방장기(遊方丈記)『구암유고(懼菴遺稿)』	1840.04.29.-05.09.
민재남(閔在南) 1802-1873	유두류록(遊頭流錄)『회정집(晦亭集)』	1849.윤04.17-04.21.
하달홍(河達弘) 1809-1877	두류기(頭流記)『월촌집(月村集)』	1851.윤08.02.-08.07.
하달홍(河達弘) 1809-1877	유덕산기(遊德山記)『월촌집(月村集)』	미상.
하달홍(河達弘) 1809-1877	유무주암기(遊無住菴記)『월촌집(月村集)』	1860.10.15.
하달홍(河達弘) 1809-1877	장항동기(獐項洞記)『월촌집(月村集)』	○년 봄.
하달홍(河達弘) 1809-1877	안식동기(安息洞記)『월촌집(月村集)』	미상.
김영조(金永祚) 1842-1917	유두류록(遊頭流錄)『죽담집(竹潭集)』	1867.08.26.-08.29.
송병선(宋秉璿) 1836-1905	지리산북록기(智異山北麓記)『연재집(淵齋集)』	1869.02.
권재규(權在奎) 1835-1893	유적벽기(遊赤壁記)『직암집(直菴集)』	1869.08.16.
배찬(裵瓚) 1825-1898	유두류록(遊頭流錄)『금계집(錦溪集)』	1871.09.04.-09.08.
조성렴(趙性濂) 1836-1886	두류유기(頭流游記)『심재집(心齋集)』	1872.08.16.-08.26.
황현(黃玹) 1855-1910	유방장산기(游方丈山記)『매천집(梅泉集)』	1876.08-미상.

박치복(朴致馥) 1824-1894	남유기행(南遊記行)『만성집(晩醒集)』	1877.08.24.-09.16.
허유(許愈) 1833-1904	두류록(頭流錄)『후산집(后山集)』	1877.08.05.-08.15.
송병선(宋秉璿) 1836-1905	두류산기(頭流山記)『연재집(淵齋集)』	1879.08.01.-미상.
전기주(全基柱) 1855-1917	유쌍계칠불암기(遊雙溪七佛菴記)『국포속고(菊圃續稿)』	1883. 초여름 6일간.
김종순(金鍾順)1837-1886	두류산중문견기(頭流山中聞見記) 『직헌속집(直軒續集)』	1884.01.09.
전기주(全基柱) 1855-1917	유대원암기(遊大源菴記)『국포속고(菊圃續稿)』	1884.04.
김성렬(金成烈) 1846-1919	유청학동일기(遊靑鶴洞日記)『겸산집(兼山集)』	1884.05.01.-05.09.
정재규(鄭載圭) 1843-1911	두류록(頭流錄)『노백헌집(老栢軒集)』	1887.08.18.-08.28.
정재규(鄭載圭) 1843-1911	아양정회유기(岳陽亭會遊記) 『노백헌집(老栢軒集)』	1891.08. 하순.
조종덕(趙鍾德) 1858-1927	두류산음수기(頭流山飮水記)『창암집(滄庵集)』	1895.04.11.-미상.
강병주(姜炳周) 1839-1909	두류행기(頭流行記)『두산집(斗山集)』	1896.08.15.-08.17.
하겸진(河謙鎭) 1870-1946	유두류록(遊頭流錄)『회봉집(晦峯集)』	1899.08.16.-08.24.

저자	작품 및 문집명	유람 시기
문진호(文晉鎬) 1860-1901	화악일기(花岳日記)『석전유고(石田遺稿)』	1901.04.06.-04.26.
송병순(宋秉珣) 1839-1912	유방장록(遊方丈錄)『심석재집(心石齋集)』	1902.02.03.-03.12.
김회석(金會錫) 1856-1933	지리산유상록(智異山遊賞錄)『우천집(愚川集)』	1902.02.03.-03.12.
이택환(李宅煥) 1854-1924	유두류록(遊頭流錄)『회산집(晦山集)』	1902.05.14.-05.28.
안익제(安益濟) 1850-1909	두류록(頭流錄)『서강유고(西崗遺稿)』	1903.08.27.-10.07.
양재경(梁在慶) 1859-1918	유쌍계사기(遊雙溪寺記)『희암유고(希庵遺稿)』	1905.04.
김교준(金敎俊) 1883-1944	두류산기행록(頭流山記行錄)『경암집(敬菴集)』	1906.03.30.-04.03.
정종엽(鄭鍾燁) 1885-1940	유두류록(遊頭流錄)『수당집(修堂集)』	1909.01.28.-02.06.
배성호(裵聖鎬) 1851-1929	유두류록(遊頭流錄)『금석집(錦石集)』	1910.03.14.-03.20.
이수안(李壽安) 1859-1929	유두류록(遊頭流錄)『매당집(梅堂集)』	1917.08.02.-08.14.
곽태종(郭泰鍾) 1872-1940	순두류록(順頭流錄)『의재유고(毅齋遺稿)』	1922.03.
장화식(蔣華植) 1871-1947	강우일기(江右日記)『복암집(復菴集)』	1925.01.18.-02.03.
김규태(金奎泰) 1902-1966	유불일폭기(遊佛日瀑記)『고당집(顧堂集)』	1928.05.10.
오정표(吳政枃) 1897-1946	유불일폭기(遊佛日瀑記)『매봉유고(梅峯遺稿)』	1928.06.07.-06.08.
김택술(金澤述) 1884-1954	두류산유록(頭流山遊錄)『후창집(後滄集)』	1934.03.19.-04.07.
정기(鄭琦) 1879-1950	유방장산기(遊方丈山記)『율계집(栗溪集)』	1934.08.17.-08.24.
이보림(李普林) 1903-1974	두류산유기(頭流山遊記)『월헌집(月軒集)』	1937.04.06.-04.09.
이보림(李普林) 1903-1974	천왕봉기(天王峯記)『월헌집(月軒集)』	1937.04.19.
김학수(金學洙) 1891-1974	유방장산기행(遊方丈山記行)『술암유집(述菴遺集)』	1937.08.16.-08.22.
이병호(李炳浩) 1870-1943	유천왕봉연방축(遊天王峰聯芳軸)	1940.05.24.-05.28.
이현섭(李鉉燮) 1879-1960	두류기행(頭流紀行)『인재집(仞齋集)』	1940.08.16.-08.29.
정덕영(鄭德永) 1885-1956	방장산유행기(方丈山遊行記)『위당유고(韋堂遺稿)』	1940.08.27.-09.07.
양회갑(梁會甲) 1884-1961	두류산기(頭流山記)『정재집(正齋集)』	1941.04.30.-05.06.

참고문헌

가야산국립공원사무소, 『가야산국립공원 문화자원 자료집』, 경상국립대 경
　　　　남문화연구원, 2015.

강정화, 『남명과 지리산 유람』, 경인문화사, 2013.

강정화 외, 『경남을 기록하다』, 선인, 2022.

강정화·최석기, 『지리산, 인문학으로 유람하다』, 보고사, 2010.

정치영 외, 『지리산 역사문화 사전』, 한국학중앙연구원출판부, 2014.

최석기, 『지리산 덕산동』, 경상대학교출판부, 2019.

_____, 『지리산 화개동』, 경상대학교출판부, 2019.

_____, 『지리산 백무동』, 경상대학교출판부, 2020.

최석기·강정화, 『선인들의 지리산 기행시 1』, 보고사, 2015.

_____, 『선인들의 지리산 기행시 2』, 보고사, 2016.

_____, 『선인들의 지리산 기행시 3』, 보고사, 2016.

최석기 외, 『선인들의 지리산 유람록』, 돌베개, 2000.

_____, 『용이 머리를 숙인 듯 꼬리를 치켜든 듯』, 보고사, 2008.

_____, 『선인들의 지리산유람록 3』, 보고사, 2009.

_____, 『선인들의 지리산유람록 4』, 보고사, 2010.

_____, 『선인들의 지리산유람록 5』, 보고사, 2013.

_____, 『선인들의 지리산유람록 6』, 보고사, 2013.

강정화, 「지리산 유람록으로 본 최치원」, 『한문학보』 25집, 우리한문학회,

2011.

_____, 「지리산 유산기에 나타난 조선조 지식인의 산수인식」, 『남명학연구』 26집, 경상대 남명학연구소, 2008.

_____, 「지리산 유산시에 나타난 명승의 문학적 형상화」, 『동방한문학』 41집, 동방한문학회, 2009.

_____, 「19~20세기 강우학자(江右學者)의 지리산 인식과 천왕봉」, 『한문학보』 22집, 우리한문학회, 2010.

_____, 「탁영(濯纓) 김일손(金馹孫)의 지리산 유람과 속두류록(續頭流錄)」, 『경남학』 31집, 경상국립대학교 경남문화연구소, 2010.

_____, 「청계(靑溪) 양대박(梁大樸)의 지리산 읽기, 〈두류기행록(頭流紀行錄)〉」, 『동방한문학』 47집, 동방한문학회, 2011.

_____, 「한말 지식인의 지리산 유람」, 『동방한문학』 53집, 동방한문학회, 2012.

_____, 「지리산유람록 연구의 현황과 과제」, 『남명학연구』 46집, 경상국립대학교 남명학연구소, 2015.

_____, 「노백헌(老栢軒) 정재규(鄭載圭)의 〈두류록(頭流錄)〉에 나타난 일생의 한 국면」, 『한국한문학연구』 71집, 한국한문학회, 2018.

_____, 「서강(西崗) 안익제(安益濟)의 지리산 인식과 표현 특징」, 『동방한문학』 77집, 동방한문학회, 2018.

_____, 「강우학자의 지리산 대원동(大源洞) 유람과 공간인식」, 『온지논총』 61집, 온지학회, 2019.

_____, 「조선 전기 지리산 유기(遊記) 발생에 관한 단견(短見)」, 『한문학보』 45집, 우리한문학회, 2022.

김기주, 「선비들이 유람을 떠난 까닭: 유학과 유람」, 『남명학연구』 46집, 경상국립대학교 남명학연구소, 2015.

김아네스, 「조선시대 산신(山神) 숭배와 지리산의 신사(神祠)」, 『역사학연구』 39집, 호남사학회, 2010.

김지영, 「지리산 성모(聖母)에 대한 조선시대 유학자들의 인식과 태도: 지리산유람록을 중심으로」, 『역사민속학』 34집, 한국역사민속학회, 2010.

심경호, 「퇴계의 산수유기」, 『퇴계학연구』 10집, 단국대학교 퇴계학연구소, 1996.

안세현, 「유몽인의 〈유두류산록(遊頭流山錄)〉 연구」, 『동양한문학연구』 24집, 동양한문학회, 2007.

이성혜, 「사림들의 유람 입문서, 김종직의 〈유두류록(遊頭流錄)〉」, 『경남학』 31집, 경상대 경남문화연구센터, 2010.

장덕순, 「15세기의 지리산 등반 기행」, 『한국수필문학사』, 새문사, 1985.

전병철, 「감수재(感樹齋) 박여량(朴汝樑)의 지리산 유람과 그 인식」, 『경남학』 31집, 경상대 경남문화연구센터, 2010.

정용수, 「산수유록으로서의 '록(錄)'체와 〈두류기행록(頭流紀行錄)〉」, 『반교어문연구』 11집, 반교어문학회, 2000.

정우락, 「남명의 〈유두유록〉에 나타난 기록성과 문학성」, 『남명학연구』 4집, 경상대 남명학연구소, 1994.

정출헌, 「추강 남효온과 유산: 한 젊은 이상주의자의 상처와 지리산의 위무」, 『한국한문학연구』 47집, 한국한문학회, 2011.

정치영, 「조선시대 사대부들의 지리산 여행 연구」, 『대한지리학회지』 44집, 대한지리학회, 2009.

최석기, 「부사(浮査) 성여신(成汝信)의 지리산 유람과 유선시(遊仙詩)」, 『한국한시연구』 7집, 한국한시학회, 1999.

_____, 「조선중기 사대부들의 지리산 유람과 그 성향」, 『한국한문학연구』

26집, 한국한문학회, 2000.

_____, 「조선시대 사인(士人)들의 지리산·천왕봉에 대한 인식」, 『남도문화연구』 21집, 순천대 남도문화연구소, 2011.

호승희, 「조선 전기 유산록 연구」, 『한국한문학연구』 18집, 한국한문학회, 1995.